다양하게 만들 수 있는

# 가죽공예 패턴집 27

27 USEFUL PATTERNS FOR LEATHERCRAFT

# 고르고 만들고 사용하고 생활에 가죽을 입히다

가죽공예는 디자인은 물론, 소재와 색, 사이즈, 금속장식 등 제품의 곳곳에 자신의 취향을 담아 만드는 취미입니다.
입문서로 가죽공예에 발을 처음 디디신 분은, 두 번째 단계로 "직접 사용할 작품을 만들고" 싶어합니다. 하지만 실용성과 디자인을 겸비한 작품을 만들기는 의외로 쉽지 않습니다.
이제 이 책에 소개된 다양한 작품과 패턴을 활용하여 원하는 아이템을 만들어봅시다. 취향대로 디자인을 선택하는 재미, 만드는 재미, 사용하는 재미까지. 가죽 생활의 재미를 만끽할 수 있습니다

# Contents

엠보싱 키홀더

한 장으로 만드는 멀티케이스

단추로 만드는 2WAY 카드케이스

스마트 키케이스

시계줄

얇은 카드케이스

ID 케이스

대용량 카드케이스

파이핑 필통

시스템 수첩

입체 명함지갑

태블릿 슬리브

스마트폰 거치대 겸 키홀더

두루마리 안경집

카라멜 파우치

컵 모양 스탠드

미니 툴 케이스

라운드지퍼 미니 월렛

말발굽 동전지갑

미니어처 부츠

지퍼 파우치

사각 파우치

원형 파우치

귀 달린 필통

월렛 파우치

더블포켓 동전지갑

미니 포셰트

다양하게 만들 수 있는 가죽공예

# 패턴집27

# 이 책의 사용법

이 책을 가장 잘 활용하는 방법은 '패턴'을 쓰는 것입니다. 여러 종류의 구조를 다양하게 만들어볼 수 있도록 구성하여 패턴을 짰습니다. 초보나 가죽공예 경험이 적은 분들도 쉽게 따라 만들면서 공부할 수 있는 패턴을 소개합니다.

패턴과 함께 제작 순서, 실수를 줄이는 포인트, 응용 예시도 설명합니다. 많은 종류의 작품을 알려드리기 위해 기초 테크닉은 설명하지 않습니다. 기초 테크닉은 입문서 '가죽공예 패턴집 24'를 읽고 참고해주세요. 174페이지에서 가죽공예 도서를 소개해드리고 있습니다.

작품에 쓰이는 가죽과 금속장식, 도구도 책 마지막에 소개되어 있습니다. 이 책의 작품에 나오는 제품 외에도 다양하게 소개하고 있으니 다양하게 응용할 때 참고하세요. 해설을 보면서 차근차근 따라가다보면 누구든 멋진 작품을 만들 수 있습니다. 익숙해지면 여러분의 취향을 담아서 응용해 보는 것도 추천드립니다.

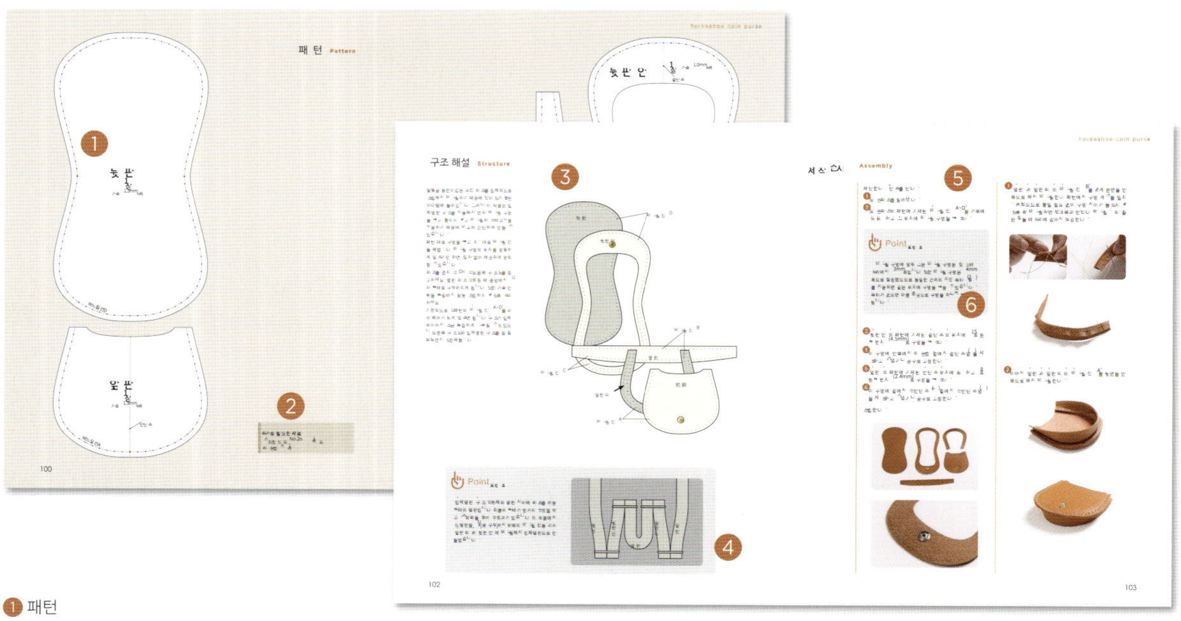


1 패턴
2 가죽 이외의 재료
3 조립 이미지
4 제작할 때 주의할 점
5 조립 순서
6 메이킹 어드바이스

Patterns and how to make

# 패턴과 제작법

이 작품을 사용하는 실제 모습을 떠올릴 수 있도록, 다양한 사진과 함께 패턴, 제작 방법을 소개합니다. 사이즈가 큰 일부 패턴은 삽지 부록으로 넣었습니다. 페이지를 넘기면서 자신의 라이프 스타일에 딱 맞는 작품을 찾아보세요.

Part.1

# 일상에서 간편하게 사용하는 소품

키홀더나 카드케이스 등
사용빈도가 높은 아이템을 모아서
심플한 패턴으로 디자인했습니다.
아직 경험이 적어서 심플한 작품으로 연습해보고 싶은 분,
짧은 시간에 빠르게 만들고 싶은 분께 추천합니다.

plumpy key holder

# 엠보싱 키홀더

가죽에 이중 링을 달아서 바느질한 심플 키홀더.
가죽 사이에 보강재가 되는 가죽을 넣어서
중앙 부분이 통통하게 부푼 형태로 만들었습니다.
엠보싱으로 볼륨이 있어서 고급스러움이 더해지고
여러 작품에도 응용할 수 있는 테크닉입니다.

손바닥에 올려놓을 수 있는 크기로 사용하기 좋은 사이즈. 보강재를 넣어서 내구성이 좋고 손에 닿는 볼륨감도 있기 때문에 품격 있는 아이템입니다. 제작법을 익힌 후에는 보강재의 소재를 바꾸거나 두께를 달리 해서 다른 형태로 마감해보세요.

패턴은 드롭과 스퀘어 두 가지 패턴이 있으므로 선호에 따라 골라서 사용하세요. 같은 색, 같은 패턴을 쌍으로 만들어도 재미있습니다. 오리지 널 타입에도 도전해보면 좋습니다.

# 패턴 Pattern

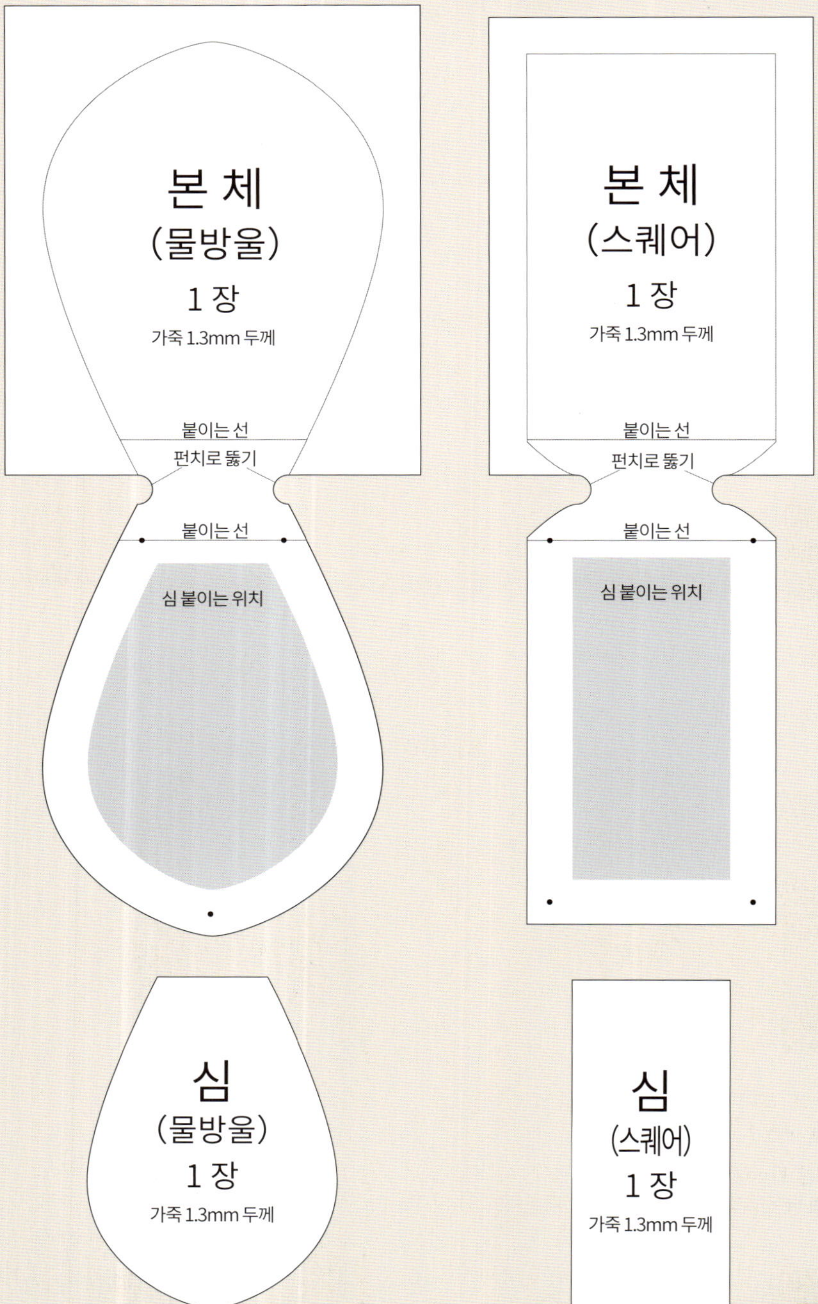


**추가로 필요한 재료**

• 이중 링 내경25mm ··········· 1개

# 제작순서 Assembly

1 '본체' 와 '심' 을 1장씩 자른다. 본체의 중앙 양 사이드의 '펀치 구멍' 이라고 쓰여진 부분은 직경 4mm 전후의 원형 펀치로 구멍을 뚫는다.

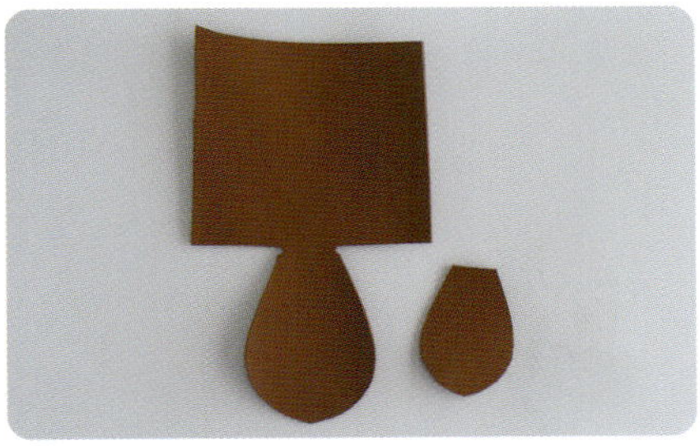

2 '심' 은면을 거칠게 깎는다.

3 '본체'에 패턴을 겹치고 꼭지점을 찍는다.

4 꼭지점부터 모서리를 경유해서 반대쪽 꼭지점까지, 가이드를 이용해서 바느질 선을 긋는다(3mm 폭).

5 꼭지점부터 꼭지점까지, 바느질 선 위에 목타 구멍을 뚫는다.

6 본체 뒷면의 '붙이는 선' 보다 바깥쪽, '보강재' 한쪽 면 전체에 고무 접착제를 바른다.

7 본체 중앙에 이중 링을 통과하고 패턴의 '심 붙이는 위치' 를 참고해서 본체 테두리에서 6mm 안쪽에 보강재를 붙인다.

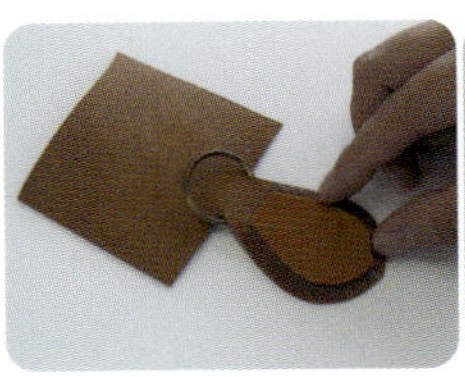

8 심 윗면에 고무 접착제를 바른다.

9 본체를 가운데에서 반으로 접고 맞붙인다.

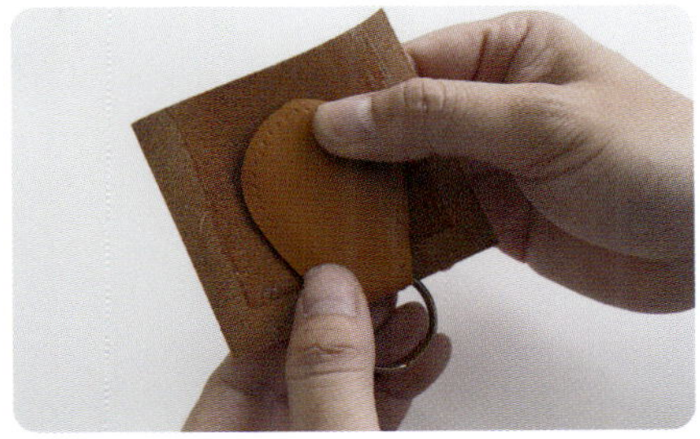

10 비어져 나온 가죽을 테두리에 맞춰 자른다.

11 5에서 뚫어놓은 구멍에 맞춰 마름 송곳으로 끝까지 뚫는다.

12 구멍의 끝에서 끝까지 연결해서 바느질한다.

완성!

one piece multi case

# 한 장으로 만드는 멀티케이스

한 장짜리 가죽으로 만드는 기능적인 멀티케이스.
바느질 땀이 적어서 쉽고 아웃핏이 깔끔합니다.
파츠를 나누거나 줄여서 응용할 수도 있습니다.

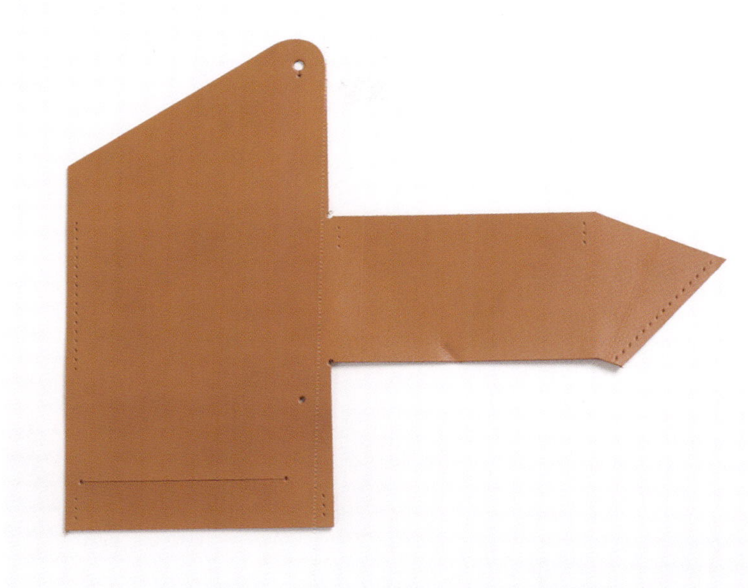

재단한 가죽 한 장으로 전체를 만드는 구조입니다. 앞판, 뒷판, 뚜껑, 옆판이 모두 하나이기 때문에 바느질 구간이 짧고 심리스로 모던한 분위기를 냅니다.

서브 포켓이나 카드 홀더, 옆판도 달려 있어서 수납력과 기능성이 좋습니다. 사이즈나 칼집 유무, 파츠 수 등을 어레인지해서 다양한 바리에이션으로 응용해봅시다.

## 패 턴 Pattern

※ 패턴은 책 마지막의 삽지 앞면에 수록하였습니다.

**추가로 필요한 재료**

• 솔트리지 극소 ············· 1세트

## 제작순서 Assembly

1. 패턴을 가죽에 올려놓고 곡선과 꼭지점을 표시한다.
2. '10호' 라고 쓰여진 구멍(2곳)은 비슷한 크기의 원형 펀치로 구멍을 뚫는다.
3. 가죽을 자른다.
4. 목타로 '카드 칼집' 과 '솔트리지 끼우는 구멍' 의 선을 표시한다(양 끝에 구멍을 뚫는다).
5. 5. 4호, 8호, 15호라고 적힌 구멍에 사이즈에 맞추어 구멍을 뚫는다.
6. 4에서 그은 선을 자르고 칼집을 만든다.
7. '바느질 구멍 A' , '바느질 구멍 B' , '바느질 구멍 C' (각 2곳)에 4mm의 마름 송곳을 사용해서 바느질 구멍을 뚫는다.

**Point 포인트**

2에서 원형구멍을 뚫을 때, 모서리에서 가죽이 밀리지 않도록 접는 선을 따라 확실히 표시합니다. 이렇게 하면 꼭지점을 자를 때 칼이 정확하게 들어갈 수 있습니다.
또한, 이 책에 수록된 패턴은 4mm 목타(p.164 참조)를 사용하는 것을 전제로 바느질 구멍 위치를 표시하였습니다. 다른 사이즈의 목타를 사용할 경우는 패턴에 있는 위치를 변경하여 따로 기록해둡시다.

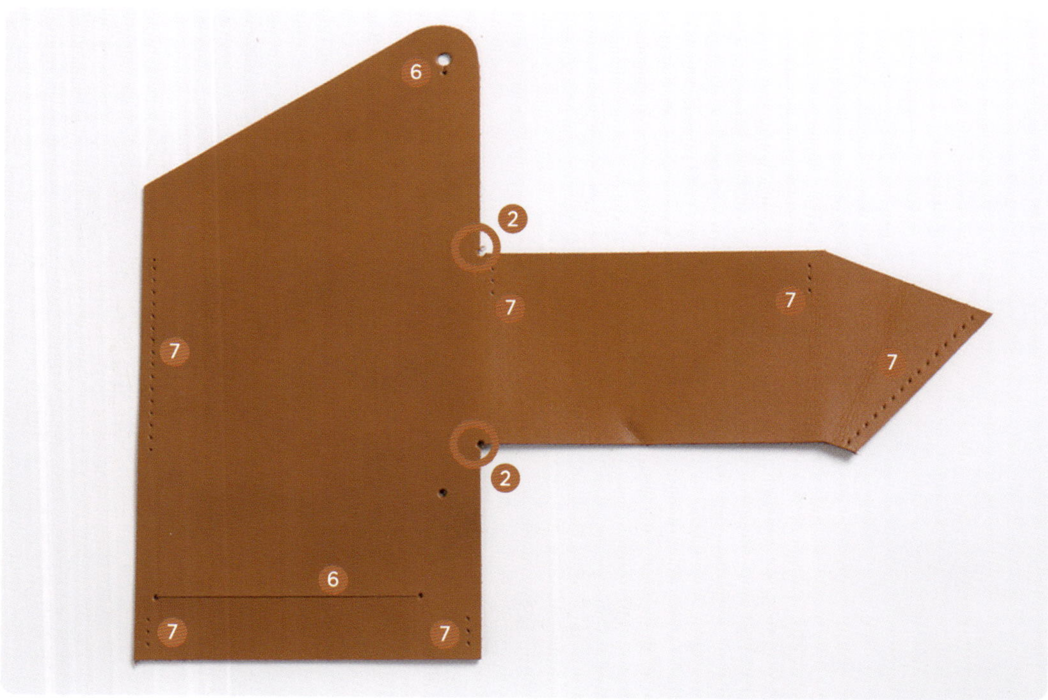

8 '바느질 구멍 A' 끼리 겹치고 바느질한다. 동일한 간격으로 바느질 구멍을 뚫었기 때문에 붙이지 않아도 바느질 구멍을 따라서 바느질할 수 있다.

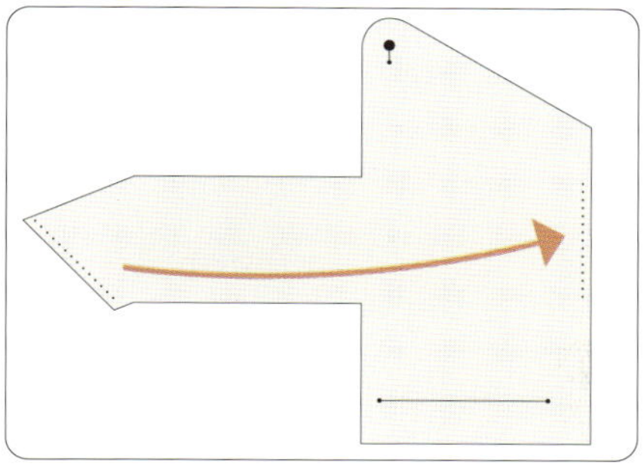

9 '산접기', '계곡접기' 선을 구부려서 나무 망치의 배 등으로 누르고 접는 선 자국을 낸다.

10 '솔트리지 다는 구멍' 에 안쪽에서 '솔트리지 극소' 의 나사뿌리를 넣고, 겉에서 머리를 끼워 고정한다.

11 '앞판 부분'을 접고 '바느질 구멍 B'를 함께 '바느질 구멍 C'를 바느질한다(이중으로 바느질한다).

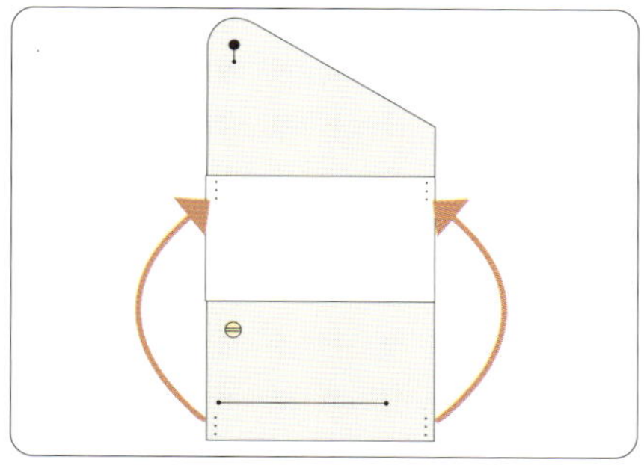

12 '뚜껑 부분' 을 잡고 솔트리지를 '솔트리지 끼우는 구멍' 에 끼운 상태로 형태를 만든다.

완성!

2 way card case with hooks

# 단추로 만드는 2WAY 카드케이스

한쪽은 '가로형' 지갑.
반대쪽은 '세로형' 지갑.
2WAY로 사용할 수 있는 카드케이스입니다.
바느질 없이 스프링도트만으로 개폐할 수 있게 조립합니다.

한 장의 가죽 파츠에 스프링도트를 달아서 뚜껑을 닫는 것 만으로 완성하는 가벼운 아이템. 한쪽은 가로형, 다른 쪽은 세로형으로 사용할 수 있는 2WAY 타입입니다. 가죽 색과 금속장식의 색을 맞춰서 심플하게 즐길 수 있습니다. 각 요소의 형태나 사이즈를 바꿔서 자유롭게 어레인지해 보세요.

# 패 턴 Pattern

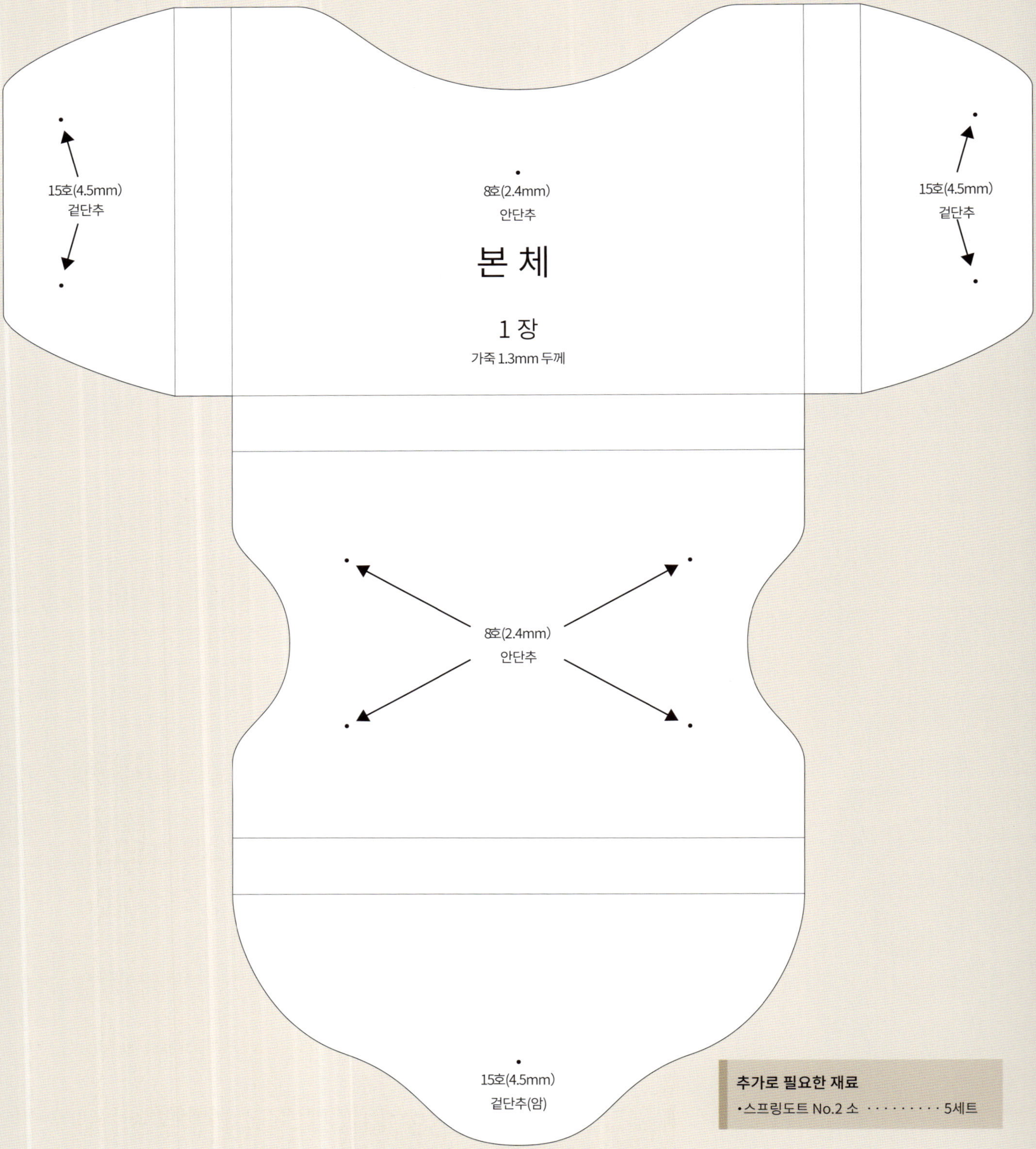


**추가로 필요한 재료**

• 스프링도트 No.2 소 ········· 5세트

## 제작순서 Assembly

1. 패턴대로 가죽에 표시를 하고 잘라낸다.
3. 원형 구멍 부분에 스프링도트를 단다. 겉단추와 안단추의 위치는 기재된 대로 따른다.
4. 형태를 맞춰가면서 스프링도트를 맞춰서 끼운다.
2. 구멍 표시 위치에 기재된 사이즈의 원형 펀치로 구멍을 뚫는다.

**완성!**

### Advice 어드바이스

실을 쓰지 않고 스프링도트만으로 조립하는 작품입니다. 테두리를 따라 장식용으로 바느질하면 더 보기 좋고 깔끔합니다. 테두리를 보강하지 않기 때문에 장식선이 포인트가 되어 분위기가 달라집니다.

또한 가죽 테두리를 따로 마감하지 않아도 되지만, 단면을 연마하거나 염색하면 전체 작품 분위기가 달라집니다.

smart key cese

# 스마트 키케이스

자동차 스마트키를 깔끔하게 수납할 수 있는 스마트 키케이스.
지퍼를 라운드 형태로 달아서 수납력이 좋습니다.
많은 열쇠를 한꺼번에 보관하고 편하게 꺼낼 수 있습니다.

내부는 양 사이드에 키 홀더를 달아서 여러 종류의 열쇠를 보관할 수 있게 구성하였습니다.
지퍼를 닫으면 가방이나 포켓 안에 넣어 보관하기도 용이합니다.

# 패 턴 Pattern

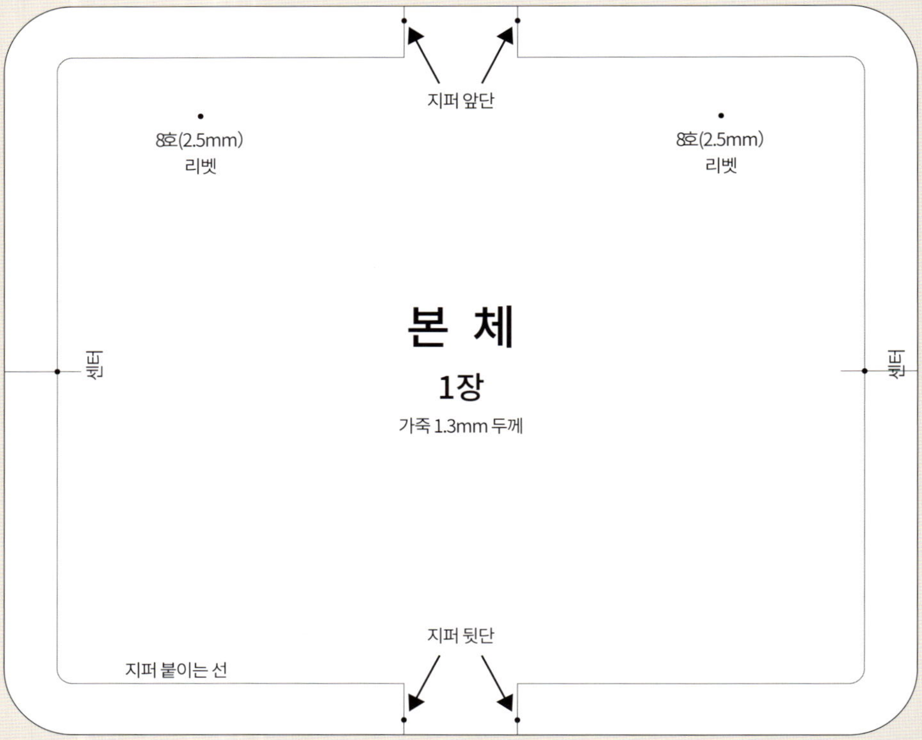

**추가로 필요한 재료**

- D링 DK-5 21mm ············· 1개
- 이중 링 NR-5 21mm ·········· 1개
- 이중 링 NR-1 10mm ·········· 4개
- 큰 리벳 양면 긴 발 ··········· 2개
- 3호 지퍼 20cm ·············· 1개

# 제작순서 Assembly

【 파츠를 준비한다 】

1. 패턴을 가죽에 겹치고, '리벳' 위치도 표시한 후 잘라낸다. '본체' 1장, '루프' 2장이 필요하다.
2. 리벳 표시에 8호 원형 펀치로 구멍을 뚫는다.
3. 본체 뒷면에 '지퍼 붙이는 선 앞단·뒷단' 을 표시하고 '센터'에도 점을 찍는다.
4. '지퍼 붙이는 선'의 선을 긋는다. 테두리에서 7mm 폭의 선으로 디바이더나 콤퍼스로 가죽을 그어서 표시를 만든다.
5. 본체 테두리를 한바퀴, 디바이더로 3mm 폭의 바느질 선을 긋고 바느질 구멍을 뚫는다.

6. 지퍼 테이프 겉의 테두리를 맞춰 2mm 양면 테이프를 붙인다.
7. 지퍼를 반으로 접고, 접힌 부분인 센터에 표시를 한다.

【 지퍼를 붙인다 】

1. 지퍼를 연 상태에서 지퍼와 본체의 센터 표시를 맞춰가면서 '지퍼 붙이는 선'을 따라 직선부를 붙인다. 이때, 지퍼의 윗부분(열리는 부분)을 패턴의 '지퍼 앞단' 쪽에, 아래쪽(닫히는 부분)을 '지퍼 뒷단' 쪽으로 향하게 한다.
2. 꼭지점 커브 부분은 띄운 상태로, 사이드 직선도 지퍼를 붙인다.

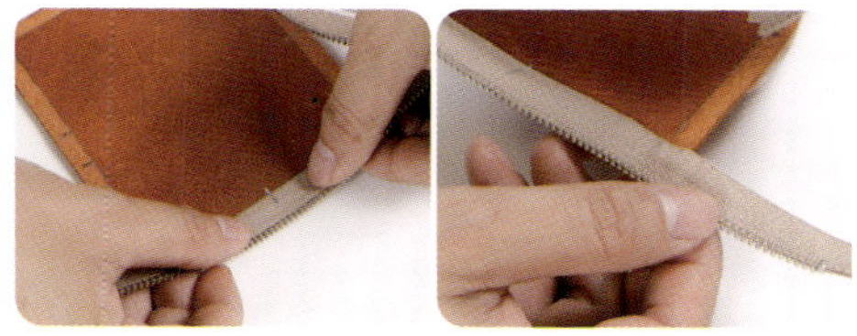

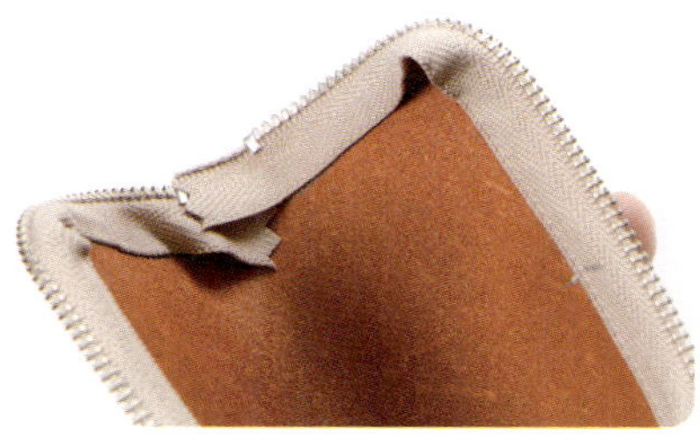

**Point 포인트**

커브 부분은 띄운 채 붙인다. 이 때, 지퍼 테이프와 가죽 커브의 거리가 동일하게 유지되도록 놔둔다.

3 본체 중앙부(접히는 부분)는 패턴의 '지퍼 앞단', '지퍼 뒷단'의 위치에 직각으로 접혀서 안으로 들어간다.

4 꼭지점 부분의 지퍼 테이프 산을 원형 송곳 끝으로 반으로 접고, 균등하게 주름을 접으며 붙인다.

【붙이고 마감한다]】

1 본체를 열고 뚫어둔 바느질 구멍을 지퍼 테이프부터 바느질한다.

2 10mm 이중 링을 D링에 1개, 21mm 이중 링에 3개 통과한다.

3 루프에 D링과 이중 링을 통과해서 반으로 접고, 본체의 구멍에 리벳으로 고정한다.

완성!

Point 포인트

지퍼 테이프를 붙이는 작업이 까다롭습니다. 특히 테이프의 앞단과 뒷단은 정확하게 붙이지 않으면 부풀거나 울게 됩니다. 지퍼를 닫은 후 아래의 사진처럼 테이프가 주름이 없는 상태가 되어야 합니다. 양면 테이프는 몇 번이건 새로 붙여서 수정할 수 있으므로 바느질하기 전에 여러 번 열었다 닫아보면서 수정합시다.

또한 지퍼 앞단, 뒷단 부분을 바느질할 때는 테이프가 붕 뜨거나 비뚤어지지 않도록 주의합니다. 지퍼 테이프에 확실히 바늘을 꽂아 바느질하면서 가죽과 밀착되게 합니다.

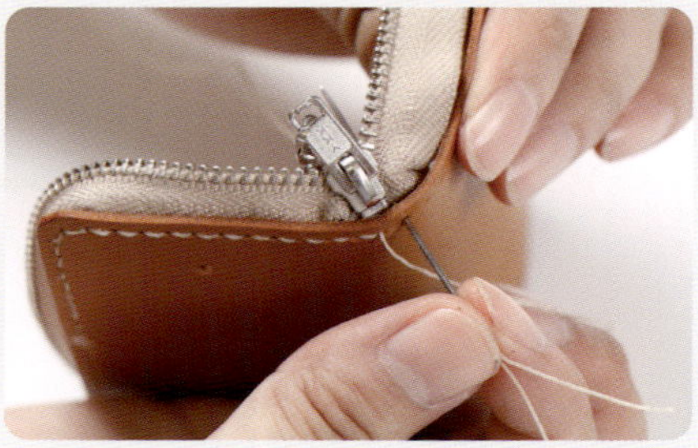

watch band

# 시계줄

내츄럴 테이스트가 개성적인
손목시계용 밴드입니다.
시계 본체 연결 부분을 활용하면
일반 손목시계에도 스마트워치
에도 사용할 수 있습니다.

시계에 다는 단을 만드는 방법은 모두 동일합니다. 길0 와 금속장식을 변형하면 다양한 디자인의 시계줄을을 만들 수 있습니다. ①+②는 솔트리지로 닫는 타입, ①+③은 솔트리지로 닫는 이중 브레이칼집 타입, ④는 비죠라는 금속장식을 사용한 길이 조절 가능 타입입니다. ⑤는 ④에 스마트 워치 용 어댑터(시판품)를 달았습니다. 각 파츠의 패턴과 제작 순서를 모두 소개하고 있으니 골라서 만들어보세요.

탈착이 쉬운 솔트리지 타입입니다. 좋아하는 색을 사용하면 자유자재로 코디네이트할 수 있습니다. 여러 개 만들어서 기분에 따라 매일 갈아 끼워보세요.

# 패 턴 Pattern

■ 러그 폭 22mm (스프링바는 24mm)

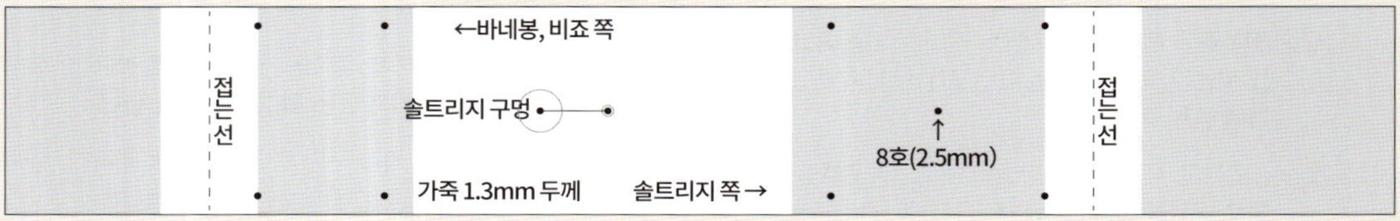


■ 러그 폭 20mm (스프링바는 21mm)

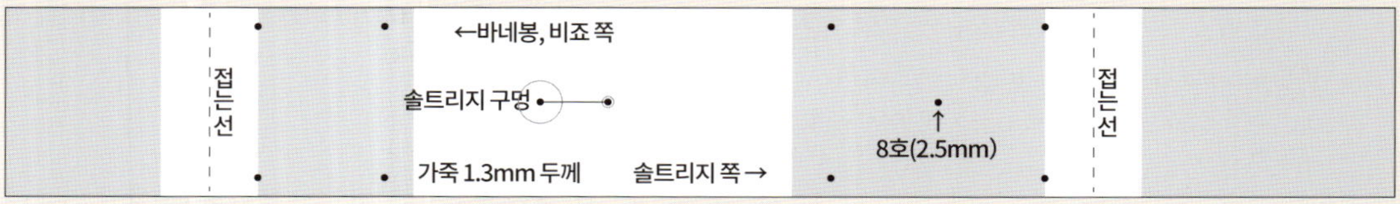


■ 러그 폭 18mm (스프링바는 18mm)

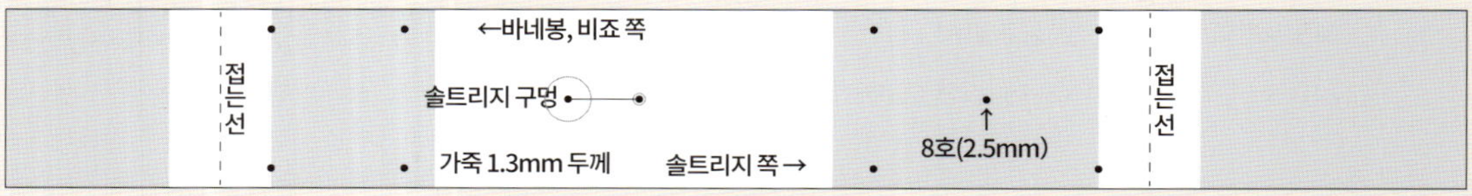


■ 러그 폭 16mm (스프링바는 18mm)

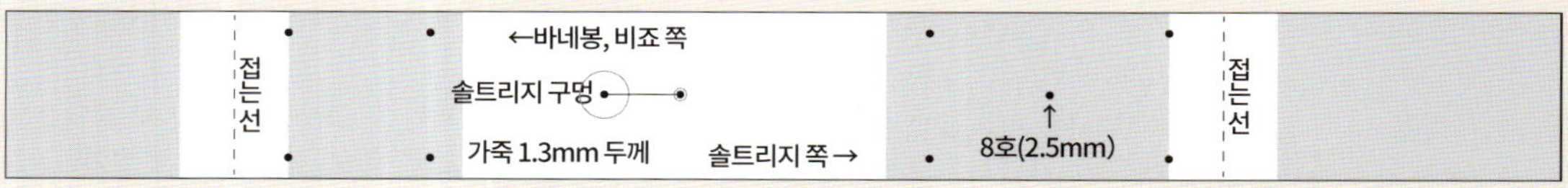


루프 가죽　가죽 1.0mm 두께

※ 가죽 길이는 제작순서에 기재하였습니다.

**추가로 필요한 재료**

- 스프링바 ················ 1개 (파츠④)
- 솔트리지 극소 ············ 1개 (파츠②)

## Point 포인트

가지고 있는 시계의 시계줄를 교환할 때는 밴드를 다는 부분의 내경(러그 폭)을 잽니다. 일반적으로 시계 러그 폭은 2mm 단위로 커지기 때문에, 위에 기재되어 있는 패턴 중 하나를 고르면 됩니다.

탈착할 때는 러그 안쪽에 달려있는 '스프링바' 를 떼어내야 합니다. 탈착 방법은 제품 타입에 따라 다르기 때문에 시계의 설명서 등을 참고하십시오.

또한, 밴드를 다는 부분 사이즈가 규격 외이거나 특수한 형태의 타입인 경우도 있습니다. 위의 패턴이 모든 종류의 시계에 다 맞는 것은 아니기 때문에 주의해주세요. 스마트 워치에 다는 경우는 시판 어댑터를 달아서 사용하시면 됩니다.

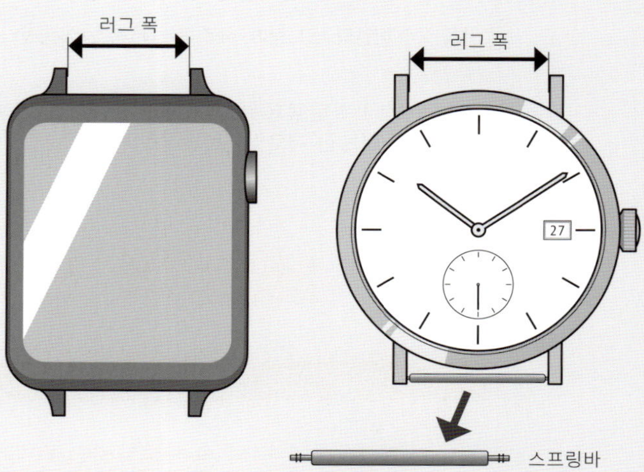

# 제작순서 Assembly

【 파츠① 제작 방법 】

1. 길이 125mm로 가죽을 자른다. 폭은 패턴과 동일하다.
2. 한쪽 끝에 패턴의 '스프링바·비죠 쪽' 을 대고, 4개의 점을 찍는다. 다른 쪽에는 패턴의 '솔트리지 쪽' 에 대고, 5개의 점을 표시한다.
3. 솔트리지 쪽의 '8호(2.5mm)' 표시 한 곳에 8호 원형 펀치로 구멍을 뚫고 솔트리지(극소)를 단다.
4. 패턴의 회색 부위를 참고해서 가죽 뒷면에 고무 접착제를 바르고, '접는 선' 대로 접어서 반대로 맞붙인다.
5. 양쪽 모두 4개의 점을 표시하고 3~4호(0.9~1.2mm)의 구멍을 뚫는다. 원형 송곳을 사용해서 구멍을 낸 후 실로 감는다.
6. 패턴에서 잘라낸 '루프 가죽' 을 파츠 ①의 가죽 3장 두께에 감아본다. 이 길이대로 끝을 겹쳐서 붙이고, 3번 정도 바느질한다. 남는 부분은 잘라낸다.
7. 바느질 한 루프 가죽을 파츠에 통과하면 완성.

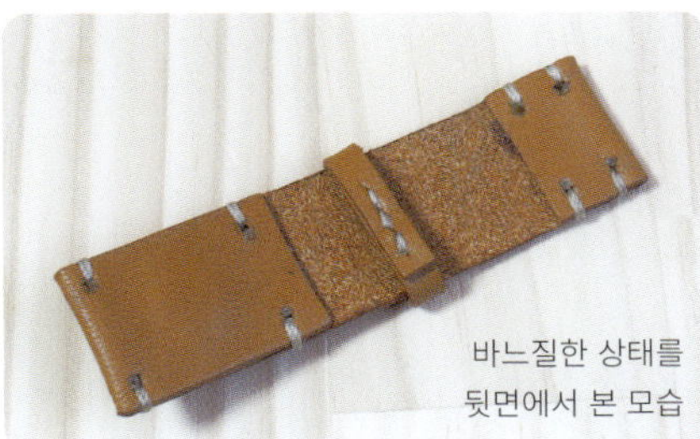
바느질한 상태를
뒷면에서 본 모습

【 파츠② 제작 방법】

1. 길이 130mm로 가죽을 자른다. 폭은 패턴과 동일하다.
2. 양쪽 모두 패턴의 '스프링바·비죠 쪽' 을 대고, 4개의 점을 찍는다.
3. 패턴의 회색 부위를 참고해서 가죽 뒷면에 고무 접착제를 바르고, '접는 선' 대로 접어서 반대로 맞붙인다.
4. 양쪽 모두 4개의 점을 표시한다. 3~4호(0.9~1.2mm)의 구멍을 뚫은 후 원형 송곳을 사용해서 구멍을 낸 후 실로 감는다.
5. 파츠①과 동일하게 시계를 단 후 실제로 팔에 감아본다. 솔트리지의 머리가 닿는 위치에 표시를 한다.
6. 이 표시에 '솔트리지 구멍' 중 큰 쪽 구멍 표시를 겹치고, 다시 표시한다. 다른 쪽도 표시를 해 놓는다.
7. '솔트리지 구멍' 중 큰 쪽 구멍은 15호(4.5mm), 작은 쪽은 3~4호(0.9~1.2mm)의 구멍을 뚫고, 그 사이의 선은 잘라서 연결한다.

【 파츠③ 제작 방법 】

1. 길이 390mm로 가죽을 자른다. 폭은 패턴과 동일하다.
2. 다음은 파츠②와 동일하게 만든다. 단, 팔 둘레를 실측해서 솔트리지 위치를 조정할 때는 팔에 두 번 감는다.

【 파츠④ 제작 방법 】

1. 길이 290mm로 가죽을 자른다. 폭은 패턴과 동일하다.
2. 양쪽 모두 패턴의 '스프링바·비죠 쪽' 을 대고, 4개의 점을 찍는다.
3. 패턴의 회색 부위를 참고해서 가죽 뒷면에 고무 접착제를 바르고, '접는 선' 대로 접어서 반대로 맞붙인다. 단, 한 쪽은 비죠 중앙의 봉에 감기는 것처럼 붙인다.
4. 양쪽 모두 4개의 점을 표시하고 3~4호(0.9~1.2mm)의 구멍을 뚫고 원형 송곳을 사용해서 구멍을 낸 후 실로 감는다.
5. 구멍 부분의 테두리를 실로 감는다.
6. 비죠가 달리지 않는 쪽 끝을 스프링바 칼집에 2회 통과해서 반대쪽으로 빼낸다.

완성!

thin type card case

# 얇은 카드케이스

옆판을 만들지 않아서 납작한 카드케이스입니다.
1장의 가죽으로 심플하게 만드는 구조이고
옆판이나 금속장식이 보이지 않기 때문에
모던한 분위기도 연출합니다.
캐쥬얼하게 사용할 수도 있고 비즈니스용으로도 만점.

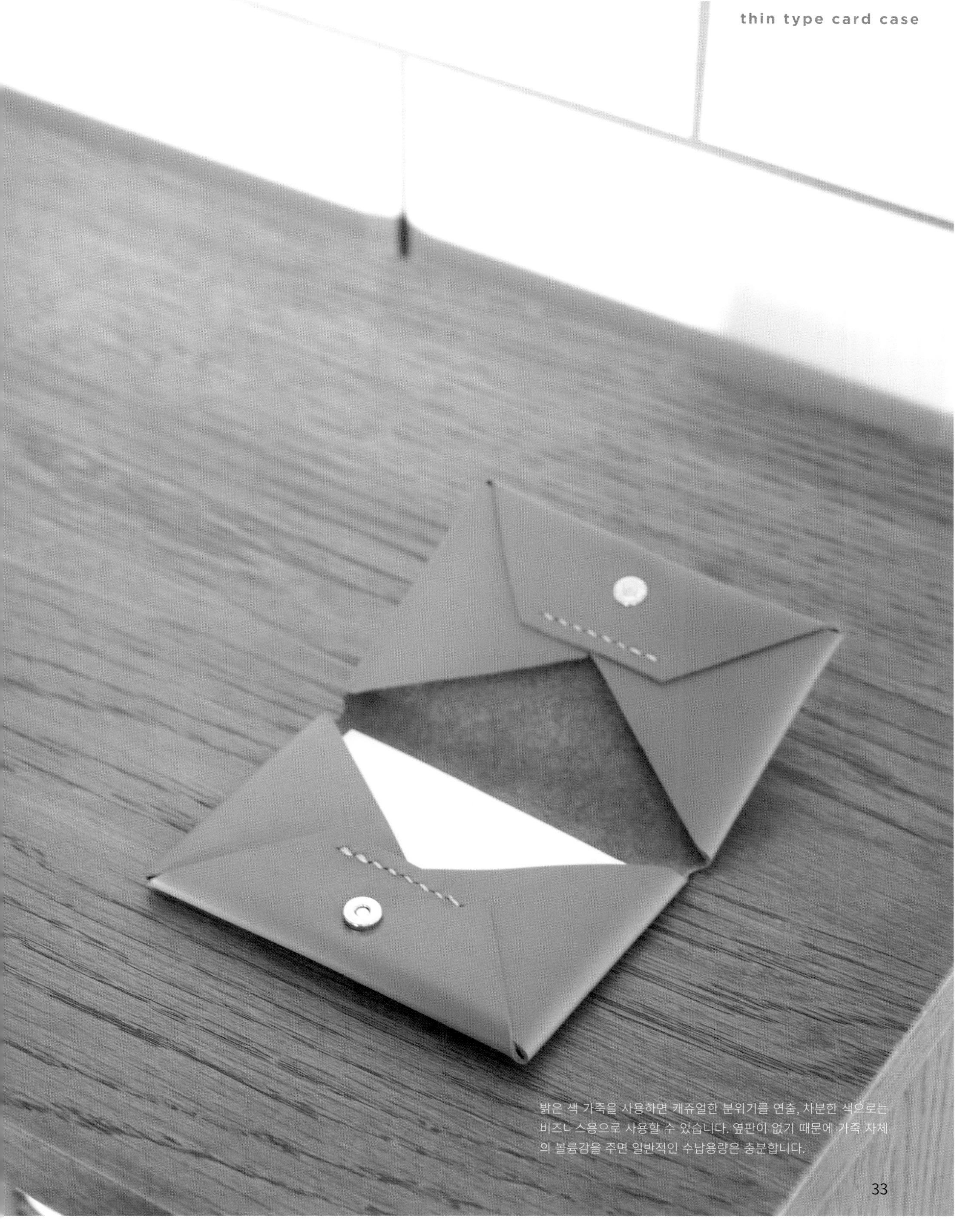

밝은 색 가죽을 사용하면 캐쥬얼한 분위기를 연출, 차분한 색으로는 비즈ㄴ 스용으로 사용할 수 있습니다. 옆판이 없기 때문에 가죽 자체의 볼륨감을 주면 일반적인 수납용량은 충분합니다.

## 패 턴 Pattern

※ 패턴은 책 마지막의 삽지 앞면에 수록하였습니다.

**추가로 필요한 재료**

- 자석 단추 M-4 8mm ········· 1세트

## 제작순서 Assembly

【 재단한다 】

1. 패턴에 기재된 '자석 단추' 와 '바느질 선' 위치를 가죽에 표시한다. 중앙의 잘록한 부분은 원형 펀치 40호(12mm)를 사용해서 구멍을 낸다. 원형 펀치가 없는 경우는 그냥 커트해도 된다.
2. 가죽을 패턴대로 잘라낸다.
3. 마름 송곳을 사용해서 '바느질 선' 부분에 바느질 구멍을 뚫는다.
4. '자석 단추' 부분은 자석 단추를 실측해서 커트하고 칼집을 넣는다.

**Point 포인트**

이 책에 기재된 패턴에는 4mm 목타(p.164 참조)를 사용해서 바느질 구멍 위치를 기재해놓았습니다. 다른 사이즈의 목타를 사용할 때는 패턴에 구멍 위치를 수정해서 기재해둡시다.

**Point 포인트**

자석 단추 칼집은 커터 등으로 잘라도 괜찮지만 '평날 목타' 또는 '일자펀치' 3mm 폭을 사용하면 한번 타격으로 깔끔한 구멍이 뚫립니다. 자석 단추를 달 일이 많기 때문에 구비해두면 좋습니다.

【 자석 단추를 단다 】

1. 칼집에 자석 단추의 발을 끼우고 뒷면에는 금속판을 끼운다.

2. 나무망치 손잡이 날 등을 사용해서 발톱을 꽉 눌러 바깥으로 구부린다.

3. 적당히 평평해지면 확실히 누른다. 자석 단추는 요철이 2개로 1개 세트가 되지만, 둘 다 다는 방법은 같다.

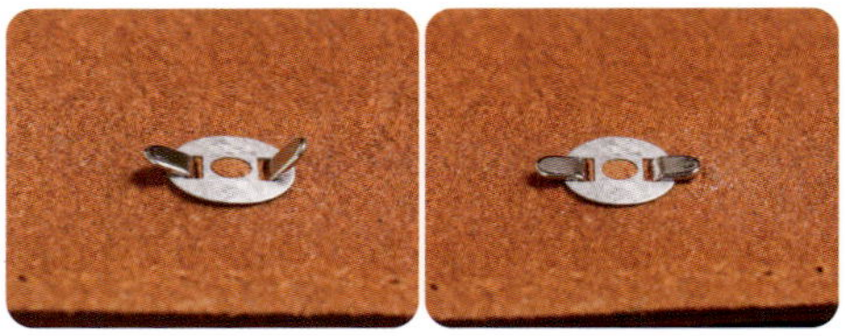

【 포켓 부분을 바느질한다 】

1 좌우 날개를 가운데로 향하게 접고, 끝을 모은다.

2 '바느질 구멍 A'를 함께 바느질한다.

3 아래위를 중앙을 향해 뒤집고, '바느질 구멍 B' 끼리를 확실히 겹쳐서 가볍게 구부려 자국을 낸다.

4 아래에 겹쳐진 가죽을 바느질한다. 바느질 구멍 B의 가운데 구멍은 테두리 경계선 부분이 겹쳐지므로 실은 틈새에 넣는다.

완성!

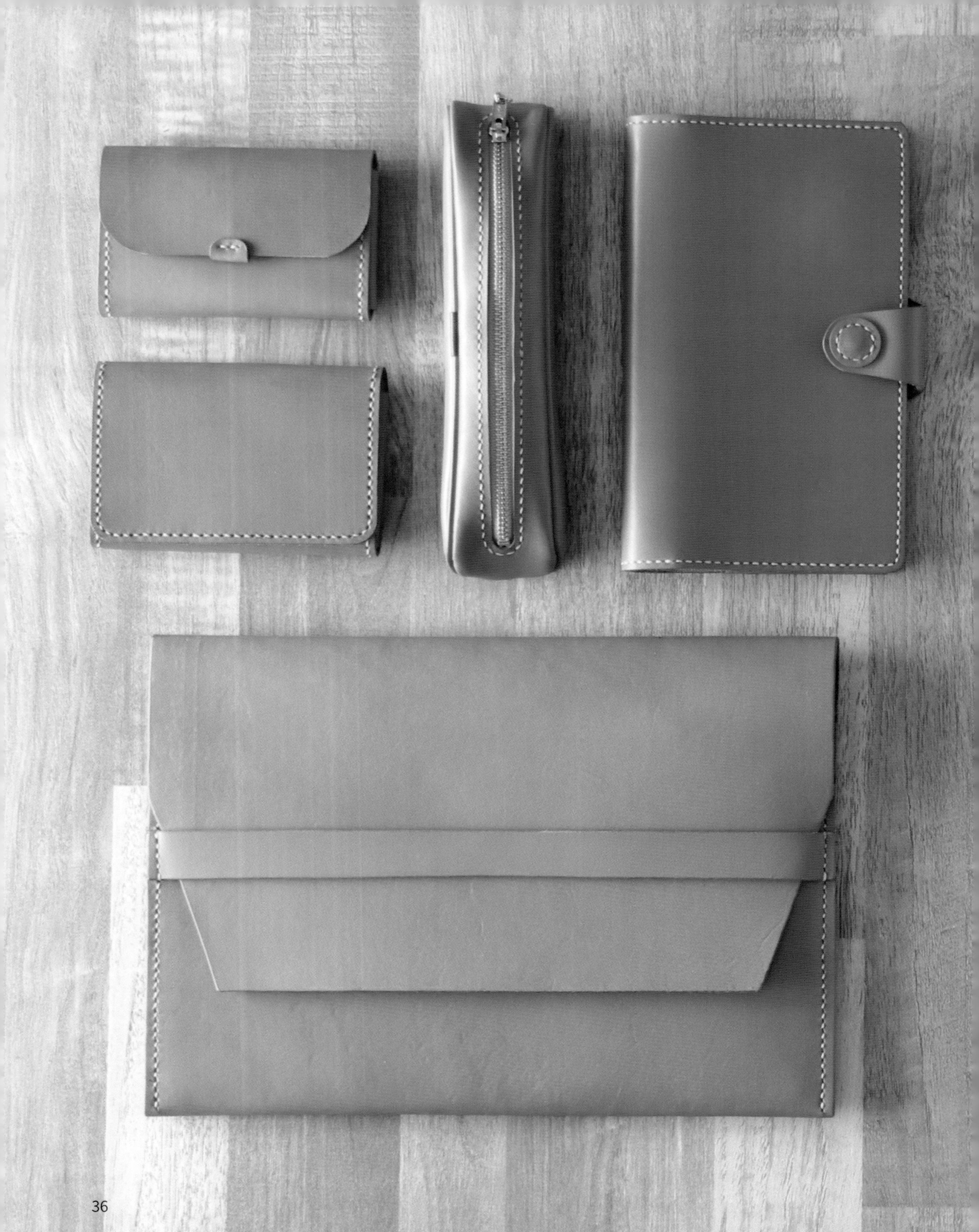

Part.2

# 기본형 오피스 아이템

명함지갑, 필통, 태블릿 슬리브 등,
비즈니스용으로도 사용할 수 있는 아이템을 모았습니다.
포멀한 인상을 주는 블랙, 네이비 등을 매칭하여
직장분위기에 어울릴 수 있도록 연구해 봅시다.

ID case

# ID 케이스

명함이나 사원증을 목에 걸고 다니는
심플한 ID케이스입니다.
밋밋한 플라스틱이나 비닐이 아닌
가죽으로 만들기만 해도
분위기가 달라지는 아이템입니다.

무난하게 사용할 수 있는 스퀘어형 심플 디자인. 캐주얼 스타일로 사용하는 경우는 스티치를 눈에 띄는 색으로 하여 액센트를 주고, 포멀한 사용처에서는 차분한 배색으로 깔끔한 인상을 주도록 바꿔봅시다.

뒷면에는 명함을 넣을 수 있는 포켓을 달았습니다. 가죽을 겹쳐서 바느질하기 때문에 단단하게 고정되는 효과가 있습니다.

# 패 턴 Pattern

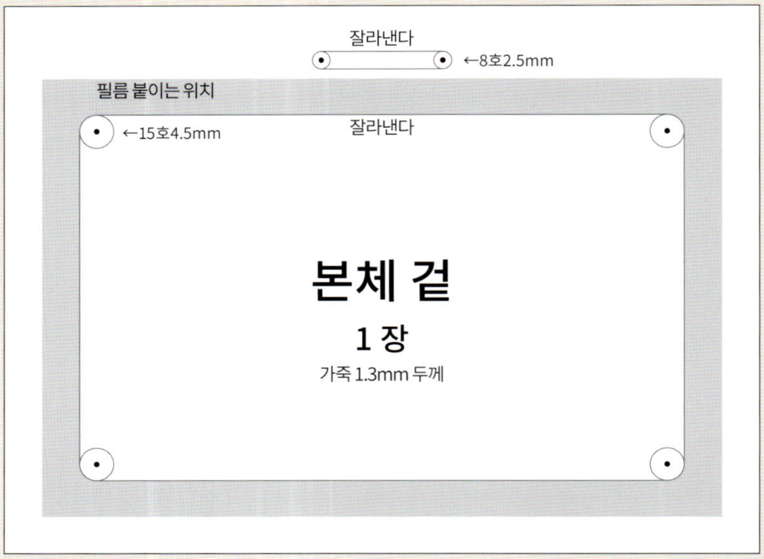


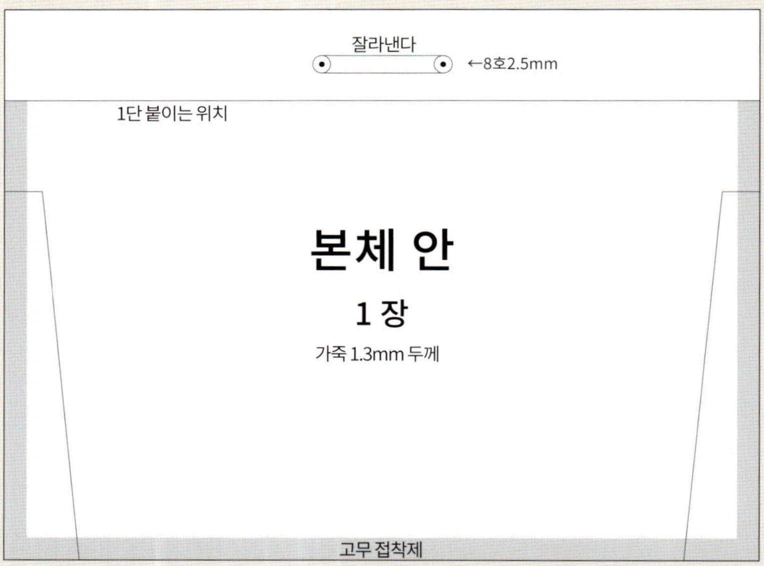

**추가로 필요한 재료**

- 스프링도트 No.2 소 1세트
- 가죽끈 자유롭게

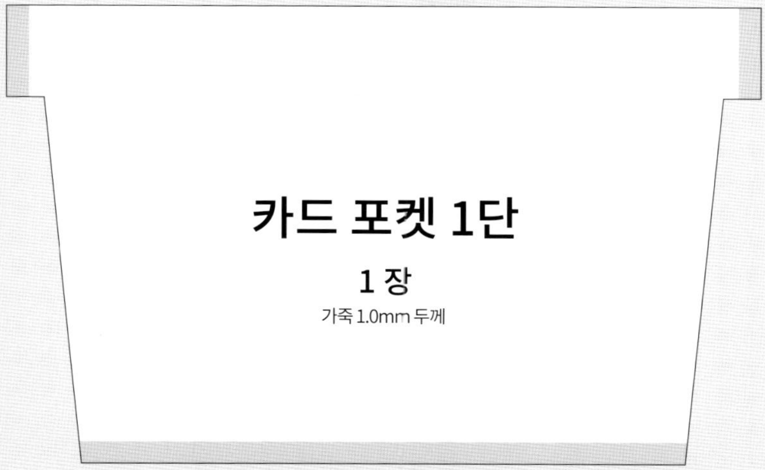


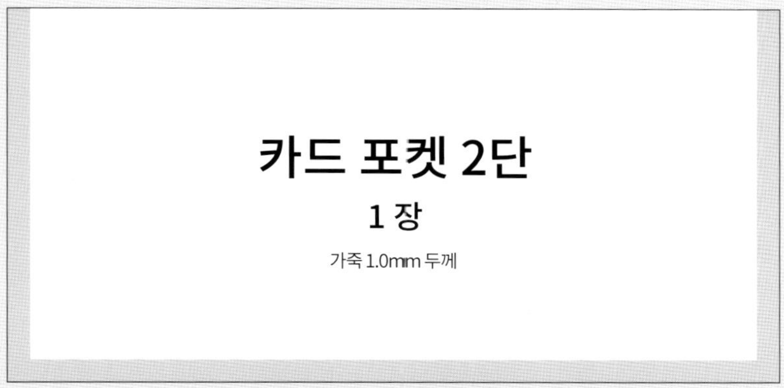

※이 책에서는 A4 클리어파일을 커트해서 사용하였습니다.

# 제작순서 Assembly

【 재단한다 】

1. 각 파츠를 패턴대로 자른다.
2. '본체 겉' 과 '본체 안' 의 표시대로 표시하고, 패턴에 기재된 사이즈의 원형 펀치로 구멍을 낸다.
3. 패턴에 기재된 대로 구멍끼리 테두리를 연결하는 것처럼 선을 긋고 커트해서 잘라낸다.
4. '루프' 의 2개의 표시를 표시하고, 기재된 사이즈대로 구멍을 뚫는다.

【 본체 겉을 만든다 】

1. '본체 겉' 의 뒷면에 패턴의 '폼을 붙이는 위치' 를 참고해서 고무 접착제를 바른다.
2. 폼의 주변에 끝에서 4mm 정도 폭으로 고무 접착제를 바른다.
3. 본체 겉의 뒷면에 폼을 댄다.
4. 본체 겉의 잘라낸 창 테두리에 디바이더로 바느질 선을 긋고(테두리에서 3mm 폭), 폼과 함께 목타 구멍을 낸다.
5. 창의 테두리를 바느질한다.
6. 4개 모서리 전체에 디바이더로 바느질 선을 긋는다. 카드가 들어가는 상단 모서리의 끝에서 끝까지를 목타로 구멍을 뚫고, 바느질한다.

【 본체 안을 만든다]】

1. '본체 안' 의 패턴에 그려진 '고무 접착제' 와 기재된 범위의 은면을 긁어서 고무 접착제를 바른다.
2. '카드포켓 1단' 뒷면의 붙이는 위치(패턴의 회색 범위)에 고무 접착제를 바르고, '본체 안'의 본체 쪽에 붙인다.
3. '카드포켓 2단' 뒷면의 입구쪽 모서리를 남기고 3개 모서리에 고무 접착제를 바르고, '본체 안' 의 겉면에 붙인다. 카드포켓 1단 테두리와 나란히 놓는다.
4. 네 모서리 전체에 디바이더로 선을 긋는다. 입구 쪽 한 모서리는 목타로 구멍을 뚫은 후 바느질한다.

【 조립한다 】

1. '본체 겉' 과 '본체 안' 의 뒷면, 입구쪽 한 모서리를 남기고 3개 모서리에 고무 접착제를 바른 후 붙인다.
2. '본체 안' 쪽에서 포켓 단차 부분을 바느질 선이 걸쳐지도록 바느질 구멍 위치를 조절하고, 원형 송곳으로 뚫어서 겉까지 통과한다.
3. 겉쪽에서 ②에서 뚫은 구멍, 바느질 선 꼭지점에 바느질 구멍이 나오도록 목타로 바느질 구멍을 뚫는다. 미리 바느질한 입구쪽 모서리 양쪽 끝의 구멍은 마름 송곳으로 뚫지 않도록 주의한다.
4. 본체의 입구 쪽 모서리를 남기고 세 개 모서리를 바느질한다.
5. '루프' 의 원형 구멍에 스프링도트를 단다. 2.5mm의 구멍 쪽에는 안단추, 4.5mm 구멍에는 겉단추를 단다.
6. 본체 윗부분에 있는 잘라내는 긴 구멍에 루프를 끼우고, 스프링도트를 단다.

【 끈을 만든다 】

1 선호하는 방법대로 가죽 끈 등을 둥글게 감아서 본체의 루프에 걸듯이 통과시킨다. 여기서는 둥근 끈을 엮어서 감는 방법을 소개한다.

2 목줄용으로 '둥근 끈(소가죽) 직경 2mm'를 120cm 정도, 감는 용으로 '둥근 끈(소가죽) 직경 1mm' 를 20~30cm 준비한다.

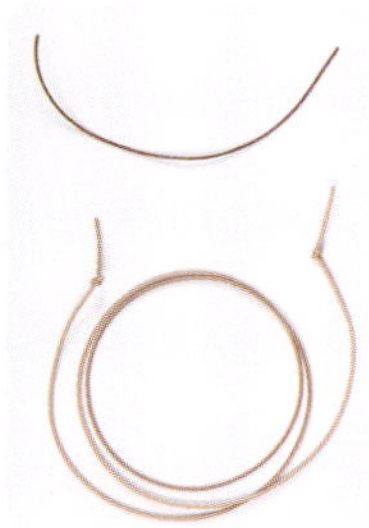

3 목줄용 둥근 끈은 양 끝에서 2cm 정도 위치에 매듭을 묶는다.

4 목줄을 감아서 양끝을 묶고, 감는 끈을 말아서 매듭짓는다.

5 감는 끈으로 목줄을 조이듯이 재차 매듭짓는다.

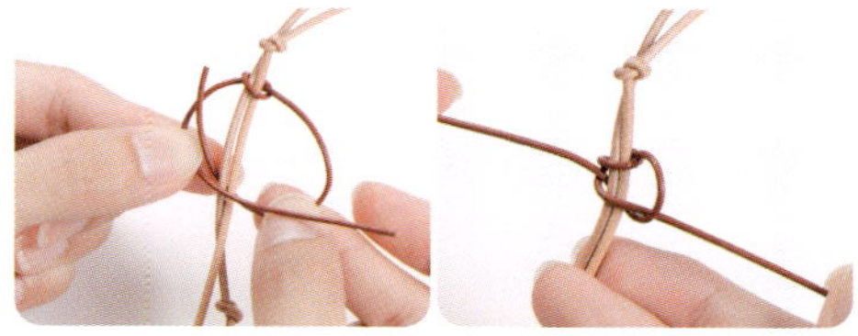

6 감는 부분이 원하는 넓이가 될 때까지 5를 반복한다.

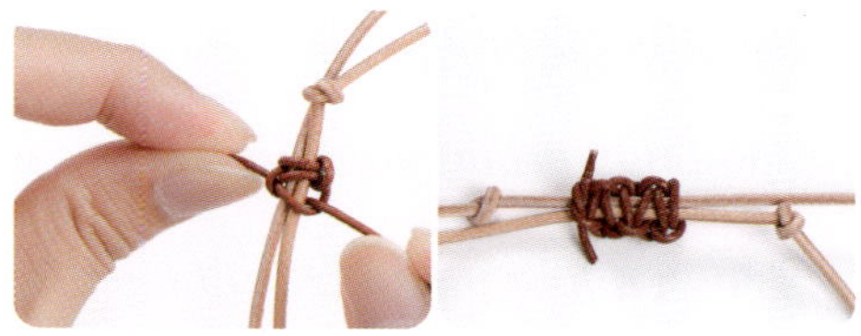

완성!

## Point 포인트

목줄을 고정하는 방법은 다양합니다. 가죽 끈을 매듭짓는 심플한 방법, 고정 장식을 사용하는 방법 등이 있으니 취향에 맞게 선택합시다.

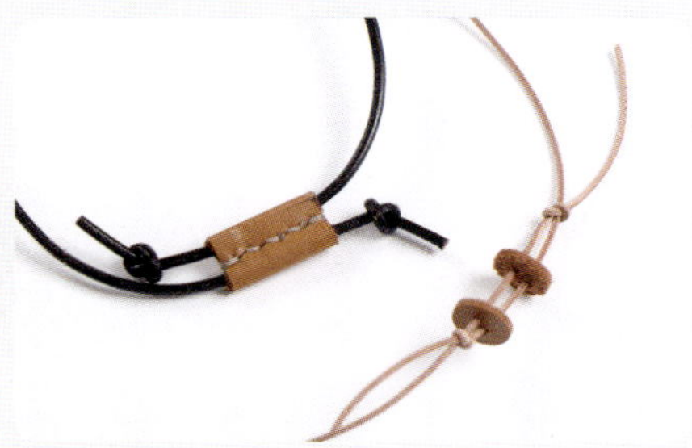

high capacity card case

# 대용량 카드케이스

미니멀한 아웃핏과 다르게
아코디언형 옆판과 서브 포켓이 달려 있어서
많은 아이템을 수납할 수 있는 대용량 미니지갑입니다.
명함을 많이 주고받는 분들에게 특히 추천합니다.

메인 포켓은 날개형 아코디언 옆판이 달려 있는 대용량 타입. 또한 뚜껑 안쪽도 메인 포켓의 앞판에 서브 포켓을 단 형태로, 잠깐 보관하는 용도로 쓰기 편합니다. 포켓이나 옆판의 구조는 지갑을 만드는 방법과 유사하기 때문에 참고 자료로 사용할 수 있습니다.

# 패 턴 Pattern

**추가로 필요한 재료**

• 없음

겉면 접착
←포켓 소 붙이는 위치
뚜껑 안 포켓
1 장
가죽1.3mm 두께
옆 판
2 장
가죽1.0mm 두께
계곡접기
산접기
계곡접기
뒷면 접착
뚜껑 안 포켓 소
1 장
가죽1.0mm 두께
바느질 선
본체 붙이는 위치
앞판 포켓
1 장
가죽1.3mm 두께
겉면 접착
겉면 접착

# 제작순서 Assembly

【 각 파츠를 붙인다 】

1 파츠 전체를 패턴대로 자른다.

2 '옆판' 파츠 2장도 '산접기', '계곡접기' 선에 맞춰 W형태로 접는다. 롤러 등으로 확실히 눌러서 자국을 낸다.

3 '뚜껑 안 포켓' 과 '뚜껑 안 포켓 소' 의 접착범위에 고무 접착제를 바른다. '붙이는 위치'에 맞춰 맞붙인다.

4 '뚜껑 안 포켓 소' 의 직선부만 바느질한다. 패턴의 '바느질 선' 부분이다.

5 '뚜껑 안 포켓'을 '본체'의 붙이는 위치에 맞춰 붙인다.

6 '앞판 포켓'의 '본체 붙이는 위치(겉면)'과 '본체'의 '앞판 포켓 붙이는 위치(뒷면)'을 맞붙인다.

7 '앞판 포켓' 뒷면의 양 사이드와 '옆판' 뒷면 사이드에 고무 접착제를 바르고 맞붙인다. 2장 모두 동일하게 작업한다.

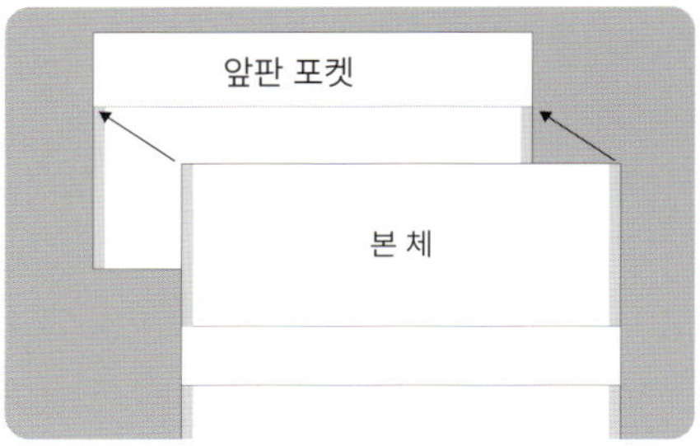

【 조립하고 바느질한다 】

1 '앞판 포켓'의 직선부(입구쪽)을 남기고, 본체 겉면에 목타로 바느질 구멍을 뚫는다.

Point 포인트

옆판의 양쪽을 붙이면 본체가 입체적인 형태로 만들어집니다. 이때부터는 마름 송곳으로 바느질 구멍을 뚫는 작업이 어렵기 때문에 평평할 때 미리 작업하는 게 좋습니다. 마름 송곳이 없다면 원형 송곳을 써도 됩니다. 바느질 구멍을 뚫을 때는 단차가 있기 때문에 구멍 위치가 잘 맞도록 가죽 위치를 조절해가며 작업해야 합니다.

2 옆판을 붙이지 않은 쪽 끝과 본체 '옆판 붙이는 위치' 에 고무 접착제를 바르고, 맞붙인다. 옆판의 테두리(단차)가 정확하게 바느질 땀 사이로 올 수 있게끔 붙이는 위치를 잘 조절한다.

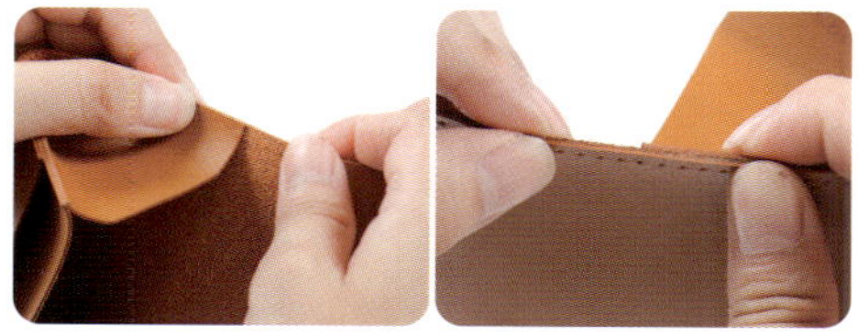

3 옆판 부분은 1에 뚫어둔 구멍을 마름 송곳으로 찔러서 통과시킨다.

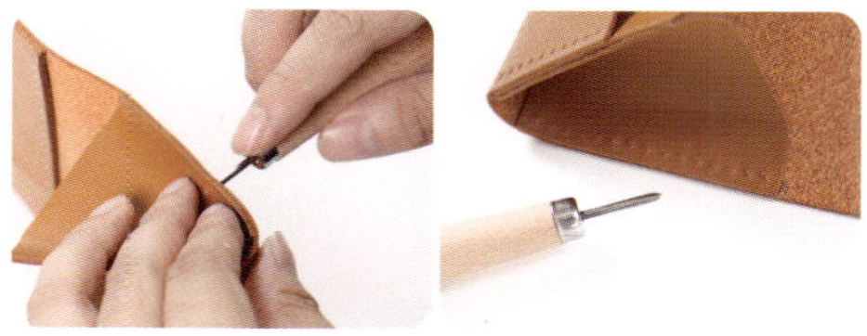

4 본체를 바느질한다.

완성!

beading pen case

# 파이핑 필통

2개의 파츠를 입체적으로 조립하고
가운데에 파이핑을 넣은 후 인스티치하였습니다.
풍부한 볼륨감으로 고급스럽고 기능적이기도 한 디자인입니다.

파이핑을 넣어 볼륨 있는 형태가 유지되기 때문에 디자인도 좋고 내구성도 뛰어납니다. 파이핑 인스티치는 손이 많이 가기는 하지만 한번 익숙해지면 응용하기 좋은 테크닉입니다.

슬림하고 깔끔한 디자인에 본체가 둥글고 입체적인 형태입니다. 수납력은 겉보기보다 훨씬 좋습니다. 펜이나 자 등 스테이셔너리를 많이 넣고 다니기에 딱 맞습니다.

# 패 턴 Pattern

마는가죽
1 장
가죽 1.0mm 두께

## 파이핑

※패턴 없음

**15×700mm**
**1 장**
가죽 1.0mm 두께

**추가로 필요한 재료**

- 지퍼 3호 18mm 1개

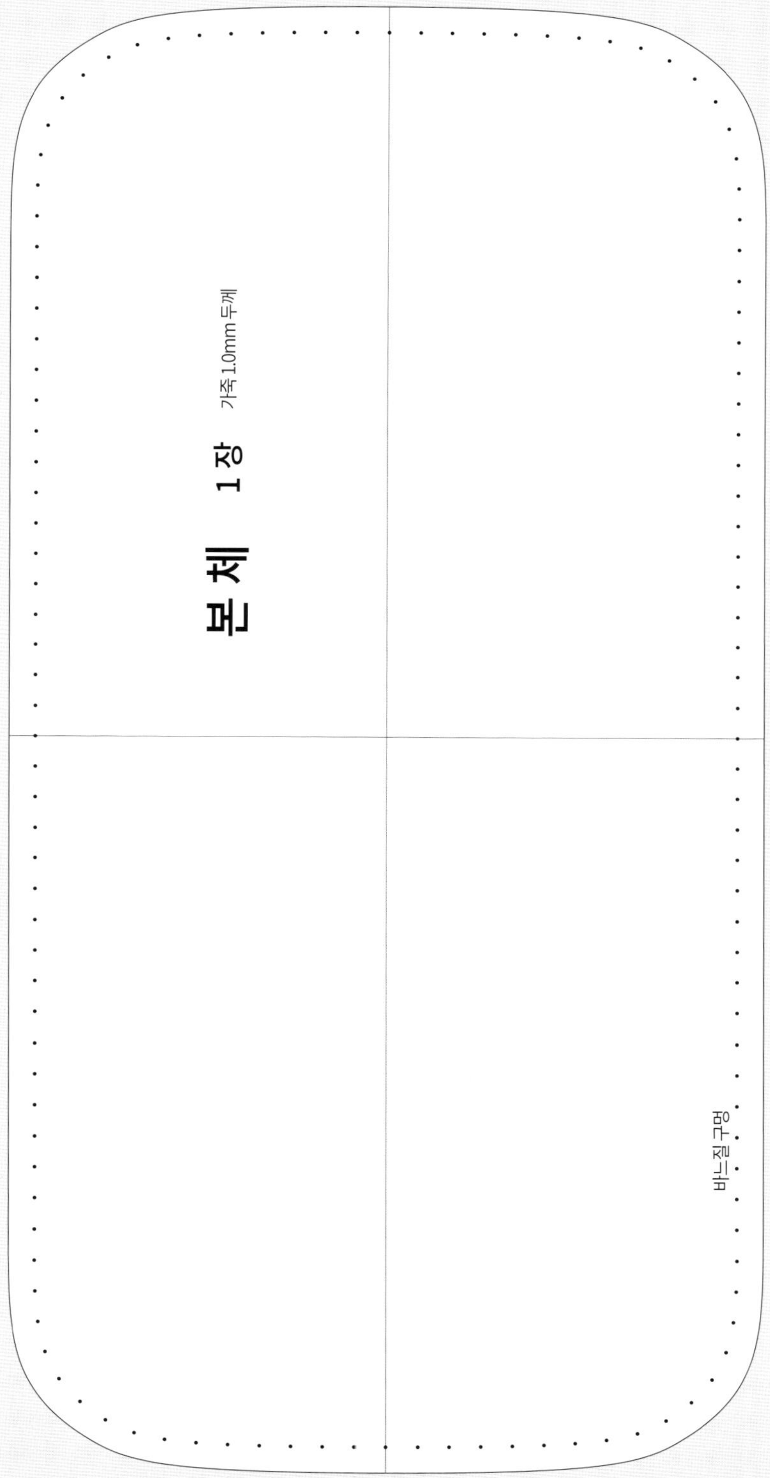
본체 1장 가죽 1.0mm 두께
바느질 구멍

# 제작순서 Assembly

【 본체와 뚜껑 】

1 '뚜껑'과 '본체'를 잘라낸다.

2 '뚜껑' 의 중앙 칼집 홈 양끝에 네 개씩 있는 점을 가죽에 표시하고, 그 위치에 11mm의 원형 펀치(35호)로 구멍을 뚫는다. 구멍의 끝을 직선으로 잇듯이 잘라내서 칼집을 만든다.

3 '뚜껑' 과 '본체' 모두 패턴의 '바느질 구멍' 표시에 맞춰 사선 목타나 다이아몬드 목타로 구멍을 뚫는다.

4 지퍼(3호, 18cm) 겉쪽 양 사이드 테두리에 2mm 폭의 양면 테이프를 붙이고 '본체' 칼집 부분 안쪽에 붙인다. 지퍼를 칼집 중앙에 정확히 배치한다. 양면 테이프가 없다면 고무 접착제를 발라서 붙여도 무방하다.

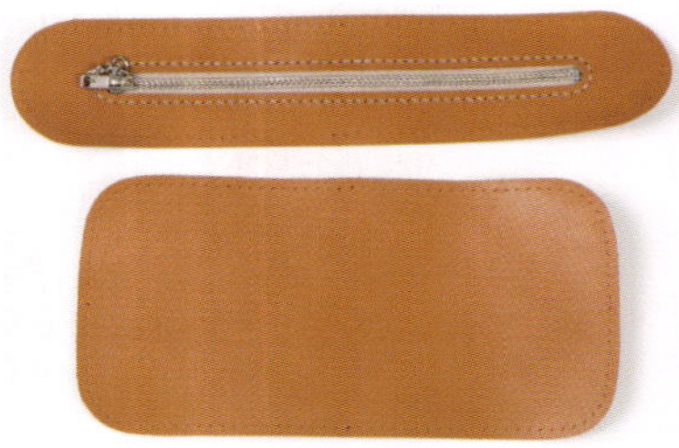

**Point 포인트**

파츠 별로 동일한 수의 바느질 구멍을 각각 뚫은 후 맞붙여서 바느질합니다. 그래서 패턴에 기재된 개수에 맞추어 구멍을 뚫어야 합니다. 바느질 폭(테두리에서부터 거리)은 5mm, 간격(구멍간 간격)은 4mm로 설정했습니다. 4mm 간격의 목타를 쓰고, 목타가 없다면 송곳으로 1개씩 뚫으면 됩니다.

이 작품은 인스티치로 마감하기 때문에 바느질 구멍이 바느질 선에 평행하게 뚫리는 평날 목타나 원형 송곳으로 구멍을 뚫는 것이 좋습니다.

【 파이핑 】

1 '마는 가죽' 을 패턴대로 잘라낸다. '파이핑' 은 패턴이 없기 때문에 쇠자 등으로 재서 가죽을 폭 15mm, 길이 700mm로 잘라낸다.

2 뒷면 전체를 고무 접착제로 바르고, 반으로 접어서 붙인다. 롤러 등으로 확실히 압착한다.

3 파이핑의 접는 선대로 디바이더나 크리저로 선을 긋고 4mm 폭의 선을 긋는다. 자르는 선을 따라서가 아니라 접는 선을 따라 그으면 선이 안정되어서, 파이핑의 바느질 폭이 깔끔해진다. 마지막에 바느질해서 뒤집은 후 보이는 쪽을 긋는다.

4 바느질 선 위에 본체나 뚜껑과 같은 4mm 폭으로 바느질 구멍을 뚫는다(사선 목타, 평날 목타 모두 무방).

5 '마는 가죽' 은 고무 접착제를 바르지 않은 채 짧은 쪽을 (패턴의 선을 따라) 반으로 접고, 접은 선을 따라 5mm 폭의 바느질 선을 긋고, 파이핑과 동일한 4mm 간격 바느질 구멍을 뚫는다.

【바느질한다】

1 1. 윗판, 파이핑, 본체의 테두리를 나란히 겹친다. 파이핑 단은 윗판 센터에 맞춘다. 여기가 파이핑을 연결하는 이음매가 된다.

2 파이핑의 첫 번째 단 바느질 구멍을, 윗판과 함께 실을 꿰지 않은 바늘로 찔러서 임시로 고정한다.

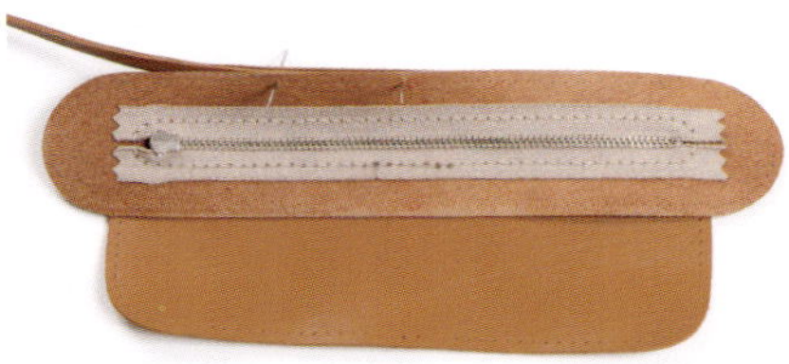

3 센터에서 10개 정도 떨어진 구멍에도 위치를 맞춰 바늘을 꽂고 여기서부터 바느질을 시작한다.

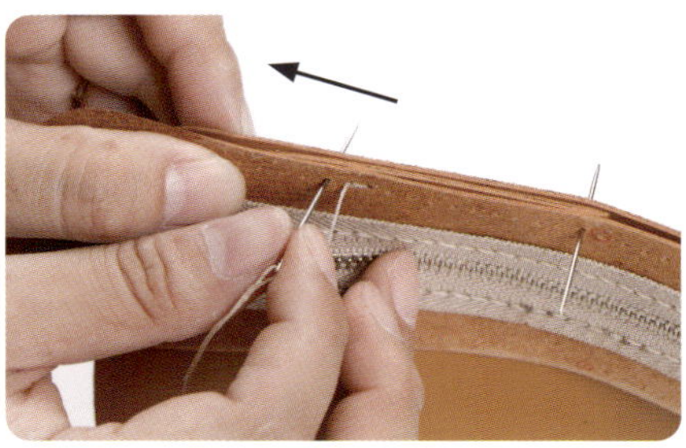

## Point 포인트

파이핑은 사용하면서 가죽이 손상되거나 닳기 쉬운 파츠입니다. 은면에 미리 레더픽스를 발라두면 코팅이 되면서 표면이 단단해지기 때문에 가죽을 보호할 수 있습니다.

4 각 파츠의 구멍이 들뜨지 않게 주의하면서 바느질을 진행한다.

5 파이핑의 이음매에서 10개 정도 떨어진 구멍에 다다르면 딱 한 바퀴 되는 위치를 나눠서 바늘을 찔러둔다.

6 파이핑은 실제보다 길게 만들었다. 딱 한 바퀴 되는 길이에서 잘라낸다.

7 파이핑의 이음매에 '감는 가죽' 을 씌운다. 이때 파이핑 경계선과 '감는 가죽' 센터의 구멍을 맞춘다.

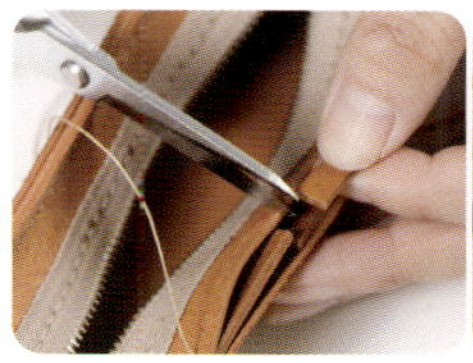

8 바느질을 끝내고 실을 자른 다음 본체를 뒤집는다.

9 파이핑의 바느질땀 위치까지 꺼내서 형태를 만든다. 나무망치 등으로 눌러서 각을 만들 수 있다.

완성!

personal organizer

# 시스템 수첩

금속 바인더를 사용해서 만든
편리한 시스템 수첩입니다.
좋은 가죽 수첩을 사용하면
더욱 효율적으로 시간을 관리할 수 있습니다.
마음에 드는 펜을 끼워서 가지고 나갑시다.

심플한 구조이지만 바인더 금속장식을 끼우는 방법이나 자석 단추를 감추는 방법 등 키 포인트가 많은 디자인입니다. 다른 작품에도 응용할 수 있는 멋진 테크닉을 배워봅시다.

양쪽 사이드에는 카드 포켓으로 쓸 수 있는 칼집을 넣었습니다. 또한 본체를 플랩으로 덮는 디자인이기 때문에 가방 안에서 흐트러지지 않고 깔끔하게 보관할 수 있습니다. 일상에서도, 업무용으로도 사용할 수 있는 제품입니다.

# 패 턴 Pattern

※ 패턴은 책 마지막의 삽지 앞면에 수록하였습니다.

**추가로 필요한 재료**

- 자석 단추 M-6 14mm 1세트
- 바인더용 금속(성경 사이즈) 1개

# 제작순서 Assembly

【 재단한다 】

1. 모든 파츠를 패턴대로 잘라낸다. '금속장식 가리개'는 원형으로 70호 전후 원형 펀치를 사용해서 만든다.
2. '사이드'의 가드 포켓은 양 사이드의 둥근 구멍을 8호 정도 원형 펀치로 뚫은 후 연결한다.
3. '본체'의 자석 단추 다는 위치에 자석 단추를 단다. 자석 단추를 다는 방법은 p.34에서 자세히 설명하고 있다.
4. 본체의 플랩 부분은 자석 단추의 뒷면을 감추는 용도로 '금속장식 가리개' 를 붙이고, 그 주위를 한 바퀴 바느질한다.

【 바인더 받침대에 금속 바인더를 단다 】

1. '바인더 받침대' 는 패턴의 '칼집' 과 '잘라내기' 표시대로 자른다. 뚫은 자리에 금속 바인더를 단다.
2. 금속 바인더의 뒷판 양 끝에 있는 이빨을 받침대 구멍에 안쪽에서부터 끼운다.

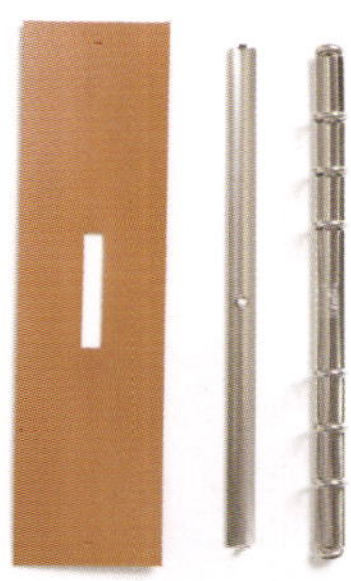

3. 받침대 중앙 잘라낸 구멍에서 금속 바인더 뒷판 가운데

의 이빨이 보이는 것을 확인한 후, 그 이빨에 금속 바인더 본체 중앙의 움푹 팬 곳을 건다.

4. 뒷면 쪽에서 살펴보면서 한번 안쪽까지 확실히 눌러서 체크한다.
5. 2에서 꽂아둔 이빨이 금속 바인더 본체 끝의 움푹 팬

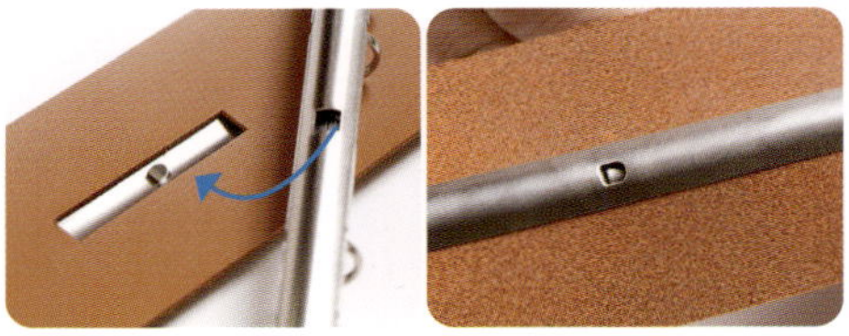

곳에 들어가기 때문에 이빨을 구부려서 고정한다. 일자 드라이버 등의 도구를 사용해서 확실히 뿌리까지 구부리고 튀어나오지 않도록 한다.

【 조립한다 】

1 '사이드' 파츠는 '본체' 의 양 사이드 이곳저곳, '사이드 다는 위치' 에 맞춰 바깥쪽 세 모서리를 고무 접착제로 붙인다.

2 '사이드' 꼭지점은 붙인 '본체' 의 둥근 꼭지점에 맞춰서 잘라낸다.

3 '바인더 받침대' 파츠는 '본체' 중앙의 '바인더 받침대 다는 위치' 에 맞춰 아래의 모서리만 고무 접착제로 붙인다.

4 '펜홀더' 파츠는 안쪽의 짧은 모서리(양끝)에 3mm 폭으로 고무 접착제를 바르고, 루프 모양으로 붙인다. 그 다음 본체 오른쪽(플랩 쪽)에 붙인 '사이드' 의 '펜홀더 다는 위치'에 붙인다.

5 '본체' 의 겉면에서 패턴의 '바느질 선 끝' 의 점을 표시하고, 표시에서 표시까지 한 바퀴 바느질 선을 긋는다.패턴의 바느질 선은 테두리에서 3mm 폭으로 설정해두었지만, 취향에 따라 바꿔도 상관없다.

6 바느질 선 위에 겉면에서 마름 목타로 바느질 구멍을 뚫는다. 이 때 '사이드' 와 '바인더 받침대' 의 단차가 있기 때문에 바느질땀이 쉽게 단차를 넘어갈 수 있도록 구멍 위치를 조절한다.

7 겉면에서 바느질한다.

**완성!**

## Point 포인트

이 작품에서 사용하는 가죽 두께는 패턴에 표시된 대로 1.0mm를 권장합니다. 이 이상의 두께면 금속 장식을 고정하기가 어렵거나, 붕 뜬 상태에서 달게 되거나, 빠지는 일이 생깁니다. 너무 얇은 가죽은 피하고 1.0mm 두께여도 장력이 있어서 시스템 수첩 기능을 할 수 있는 가죽을 고릅시다.

sutemachi card case

# 입체 명함지갑

입체감 있는 옆판으로 디자인해서
많은 명함과 카드를 수납하면서도
형태를 유지할 수 있는 작품입니다.
볼륨감이 귀엽기 때문에
여성이 사용하면 좋은 지갑입니다.

입체지갑은 여러 파츠를 사용할 수 있도록 아코디언 타입의 옆판을 만듭니다. 크게 열 수 있어서 기능성 있고, 형태도 확실히 잡아줍니다. 가죽공예에 익숙해지면 꼭 도전해볼 만한 테크닉입니다.

뚜껑 부분은 '잠금' 파츠에 간접적으로 단 자석 단추로 닫는 방식. 겉에서 보면 가죽과 바느질 선이 포인트가 되기 때문에 디자인적으로도 좋은 구조입니다.

## 패 턴 Pattern

**추가로 필요한 재료**

- D링 12mm 1개
- 자석 단추 M-6 14mm 1세트

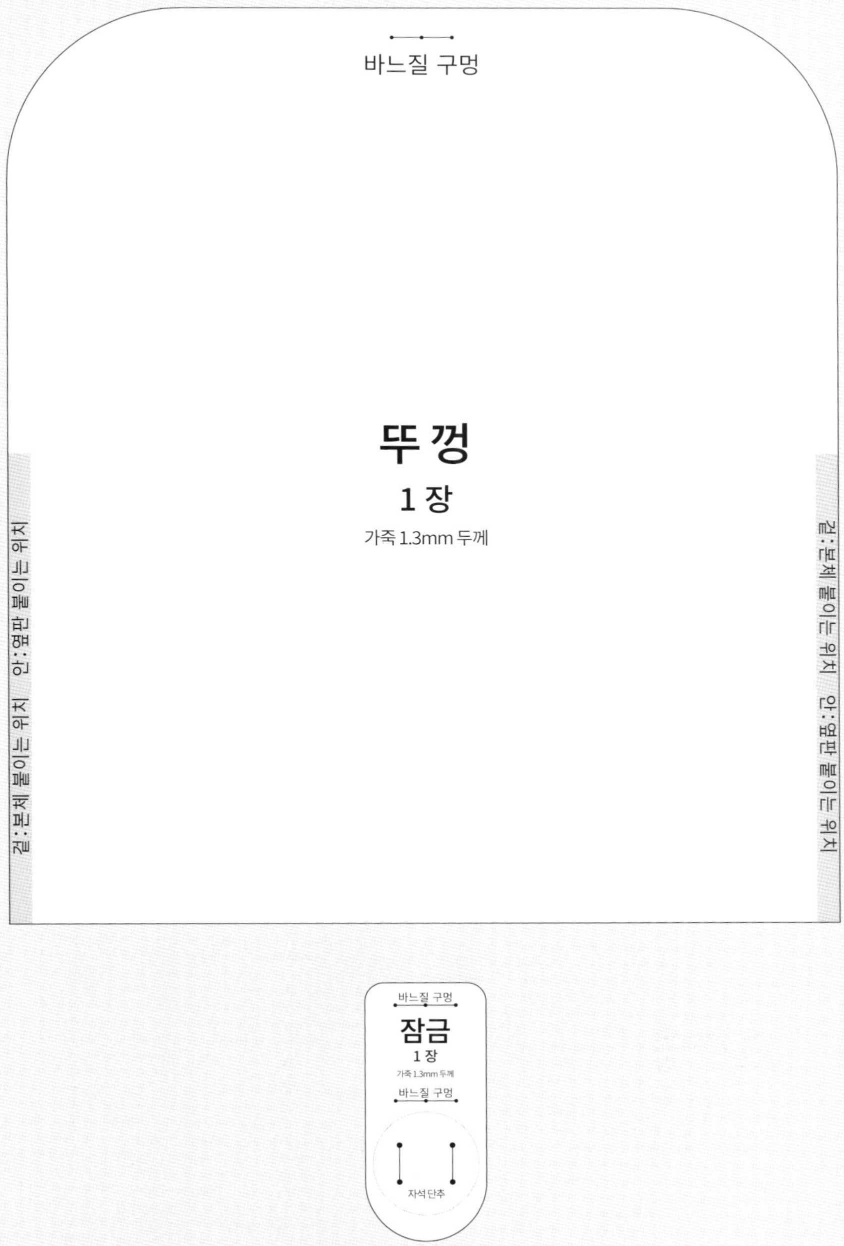
바느질 구멍
뚜껑
1 장
가죽 1.3mm 두께
겉 : 본체 붙이는 위치 안 : 옆판 붙이는 위치
겉 : 본체 붙이는 위치 안 : 옆판 붙이는 위치
바느질 구멍
잠금
1 장
가죽 1.3mm 두께
바느질 구멍
자석 단추

# 제작순서 Assembly

【 재단한다 】

1 모든 파츠를 잘라낸다. '옆판옆' 은 4장, '옆판' 은 2장 필요하다.

【 옆 판 】

1 '옆판옆' 파츠 긴 모서리 한쪽, '옆판' 파츠 긴 쪽 양쪽, 테두리에서 3mm 은면을 거칠게 깎고 고무 접착제를 바른다.

2 '옆판' 의 양 사이드에 '옆판옆' 을 테두리에 맞춰 나란히 놓고 붙인다.

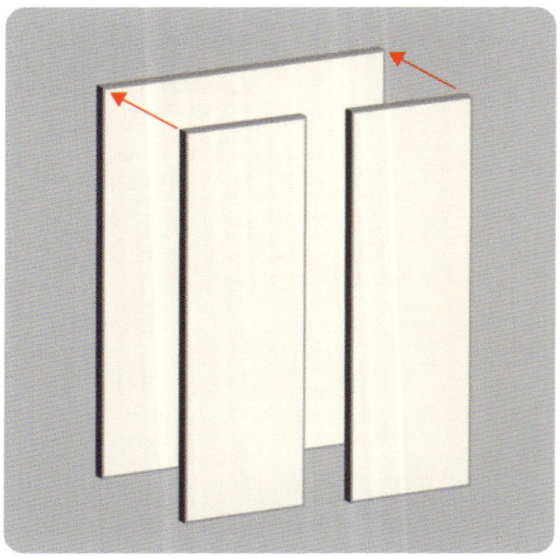

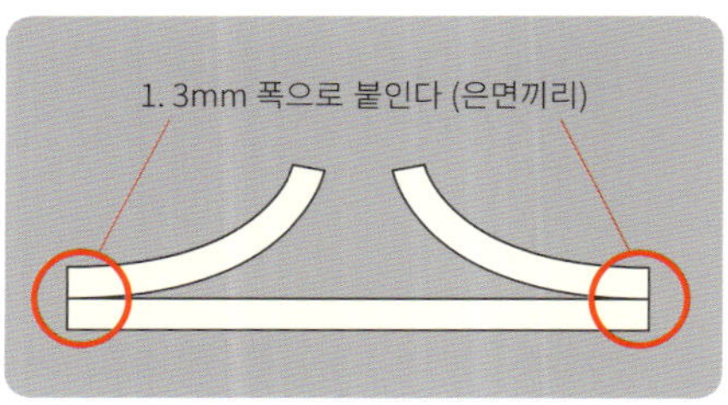


3 붙인 모서리에 테두리에서 3mm 폭의 바느질 선을 긋고 구멍을 뚫고 바느질한다. 바느질 시작, 끝의 꼭지점은 실을 감아서 보강한다.

4 옆판은 가운데에서 구부려서 W 형태로 만든다.

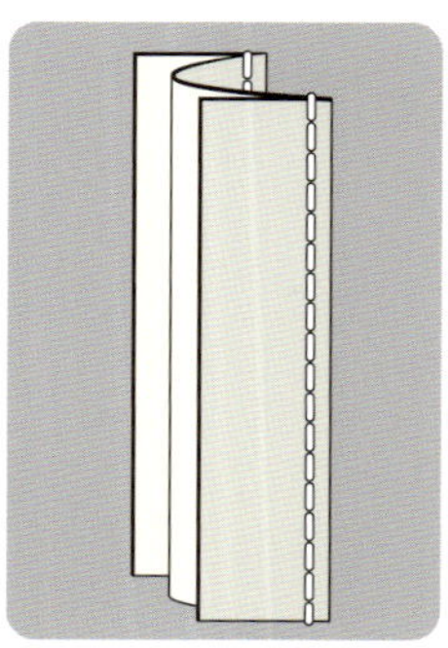

【 '잠금' 파츠를 '뚜껑'에 붙인다 】

1 '잠금' 파츠, 자석 단추 다는 위치의 칼집을 뚫고, 자석 단추를 단다. 자석을 다는 방법은 p.34에 자세하게 설명되어 있다.

2 '잠금' 과 '뚜껑' 의 '바느질 구멍' 부분에 사선 목타로 바느질 구멍을 뚫는다. 패턴은 4mm 목타 기준이다.

3 '잠금' 파츠 두 곳에 바느질 구멍이 겹치도록 한가운데에서 접는다.

4 '잠금' 파츠에 '뚜껑' 을 끼워 넣고, 각각의 바느질 구멍을 정확히 겹친다. 이때, 자석 단추를 단 쪽 끝은 뚜껑 안쪽이 되도록 한다.

5 바느질 구멍을 실로 꿰매서 '잠금'을 고정한다.

【 본체에 자석 단추를 단다 】

1 '본체' 파츠의 자석 단추 다는 위치에도 앞의 과정처럼 동일한 순서로 자석을 단다.

【 조립해서 마감한다 】

1 '본체' 뒷면의 '뚜껑 붙이는 위치' 와 '뚜껑' 겉면의 '본체 붙이는 위치' 를 고무 접착제로 맞붙인다. 뚜껑 쪽은 미리 은면을 긁어서 거칠게 만들어놓는다.

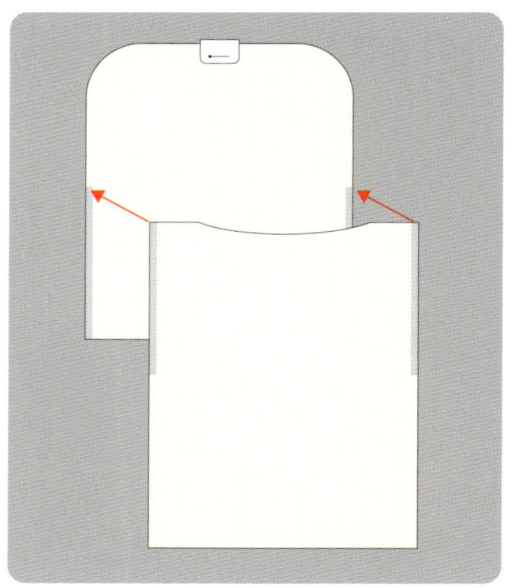

2 '본체' 양 사이드에 테두리에서 3mm 폭의 바느질 선을 긋고 사선 목타로 바느질 구멍을 뚫는다.

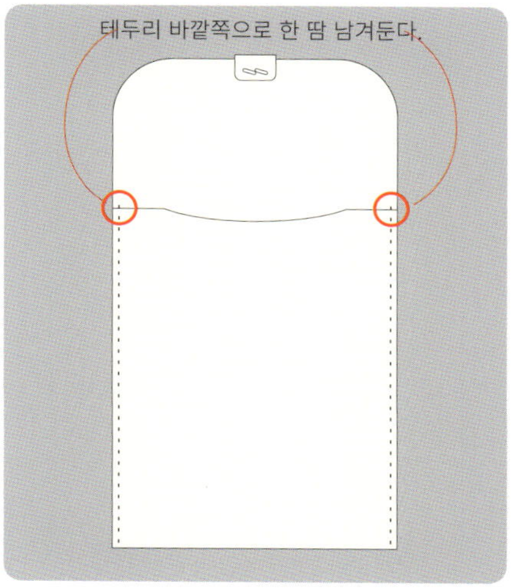


3 '뚜껑' 뒷면의 '옆판 붙이는 위치', '옆판옆' 뒷면의 끝 3mm에 고무 접착제를 바르고 맞붙인다.

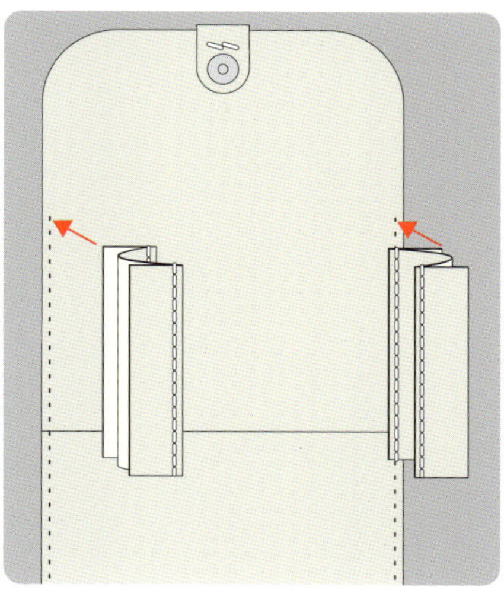

4 '본체' 뒷면의 '옆판 붙이는 위치', 옆판의 붙이지 않은 쪽 폭 3mm에 고무 접착제를 바르고, 본체를 접듯이 해서 함께 붙인다.

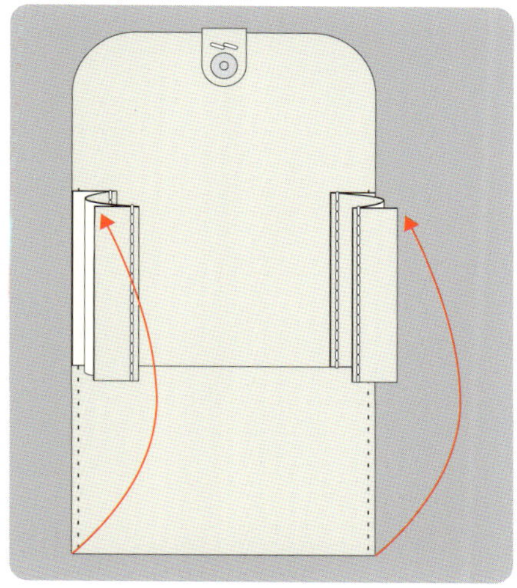

5 옆판을 함께 붙인 부분은, 바느질 구멍을 마름 송곳 등으로 통과한다.

6 바느질 구멍을 실로 꿰맨다.

tablet sleeve

# 태블릿 슬리브

손에 들고 다니는 케이스로도,
가방에 수납하는 파우치로도 쓸 수 있는
태블릿용 슬리브입니다.

뚜껑을 벨트로 고정해서 여닫는 타입으로, 쉽게 여닫고 확실히 고정할 수 있습니다. 가죽공예 경력이 있는 분은 안감으로 스웨이드 등을 붙여 어레인지 하면 태블릿을 흠집 없이 깨끗이 보관할 수 있습니다.

수납 공간은 265×195mm. 가지고 계신 태블릿에 맞춰 변형해서 만들어봅시다. 조금 작게 만들면 A4 서류 케이스로도 어레인지 할 수 있습니다.

## 패 턴 Pattern

※ 패턴은 책 마지막의 삽지 뒷면에 수록하였습니다.

**추가로 필요한 재료**
없음

## 제작순서 Assembly

1. 모든 파츠를 패턴대로 잘라낸다.
2. '본체' 안쪽면의 '앞판 붙이는 위치' 와 '앞판, 겉면의 '본체 붙이는 위치' (은면을 거칠게 깎아둔다)에 테두리부터 3mm 폭으로 접착제를 바르고 맞붙인다.

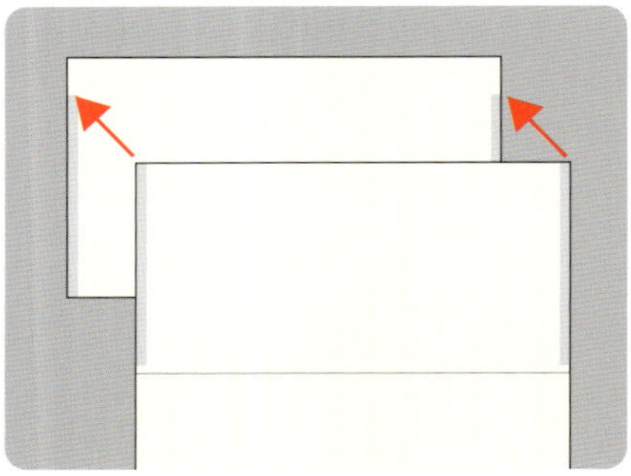

3. '본체'를 '바닥 접는 위치'에 맞춰 구부려서 접고 앞판과 본체가 겹치는 위치에 마킹을 한다. 양 사이드도 테두리에서 3mm 고무 접착제를 바른다.
4. 본체를 '바닥 접는 위치' 에 맞춰 접고 앞판과 본체의 양 사이드를 맞붙인다.
5. '띠' 파츠 양 끝을 본체의 '띠 붙이는 위치' 에 나란히 놓고 붙인다.

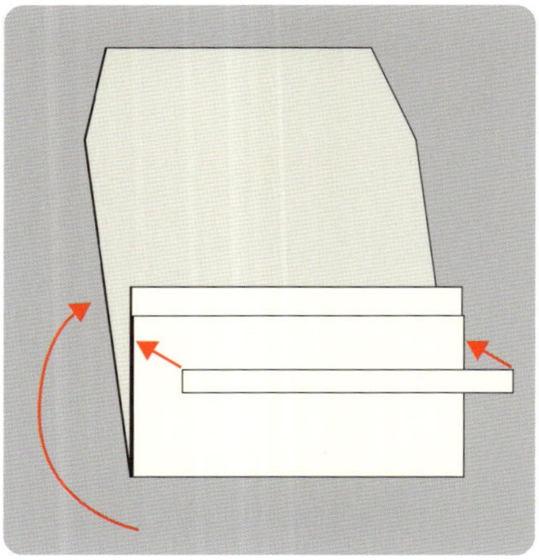

6. 앞판 입구의 단차에서 바닥 접는 위치까지, 양 사이드 모두 바느질 선을 긋고, 바느질 구멍을 뚫는다.
7. 뚜껑을 '뚜껑 접는 위치'에 맞춰서 접고, 띠에 끼운다. 접는 위치는 수납 태블릿 사이즈에 맞추어 수정할 수 있다.

**완성!**

Part.3

# 개성적인 구조를 가진 아이템

귀여운 카라멜 파우치.

오프제로도 쓰일 수 있는 미니어처 부츠.

그 외에도 스탠다드한 아이템을 어레인지한 실용적인 작품들.

개성적인 작품을 모았습니다.

상상력을 발휘해서 창작해보세요..

key holder can be used as a smartphone stand

# 스마트폰 거치대 겸 키홀더

심플하고 멋스러운 키홀더.
약간의 변형을 거쳐서 스마트폰 스탠드로 체인지.
자유로운 발상만 있으면 됩니다.
기능이나 특징을 추가해서 새로운 아이템을 만드는 것.
그것이 가죽공예의 가능성입니다.

안쪽 루프를 구부리면 스마트폰 스탠드로 트랜스폼됩니다.
바깥 루프의 틈새구멍으로 스마트폰을 끼워넣어, 안 루프에서 지지하는 구조입니다.

루프 폭, 금속장식, 틈새구멍의 위치 등은 자유롭게 변형할 수 있습니다. 이 작품에서는 '아일렛 #23'을 사용했고, 35호(11mm) 크기 원형 펀치로 구멍을 뚫어서 고정하였습니다.

# 패 턴 Pattern

**추가로 필요한 재료**

- 조립형 나사(짧은 타입) 9×6mm 1개
- D링 18~21mm 1개
- 이중 링 20mm 1개

# 제작순서 Assembly

1. '바깥 루프'와 '안 루프'를 자른다.
2. 각 파츠에 기재된 위치에 4.5mm 원형 펀치로 구멍을 뚫는다.
3. 구멍을 나란히 맞춰 '바깥 루프'를 접고, '틈새구멍 패턴'을 접는 선에 맞춰서 겹친다. 반원의 구멍 위치를 가죽에 표시한다.
4. ③에서 표시한 위치에 맞춰 50호 원형 펀치(15mm)로 반원을 뚫어 틈새구멍을 만든다.

### Point 포인트

원형 펀치를 절반만 가죽에 대고 나무 망치로 때려서 구멍을 뚫습니다. 균형이 무너지기 쉬우므로 망치로 두들길 때 주의를 요합니다. 또한 겉과 안의 틈새구멍 위치가 어긋나지 않도록 때리기 전에 테두리가 일렬로 겹쳤는지 확인해봅시다.

5. '안 루프'를 접고 구멍 위치를 맞춘다.
6. '바깥 루프' 를 '안 루프' 에 겹쳐 접고 구멍 위치를 맞춘다. 'D링 다는 위치'에는 D링을 통과시킨다.
7. 구멍에는 조립 나사를 끼우고 드라이버나 동전을 사용해서 조여서 고정한다.

8. D링에 이중 링을 통과한다.

완성!

### Point 포인트

스마트폰을 세우기 위해서는 가죽의 장력이 중요합니다. 바깥 루프를 단단하게 만들어야 하므로 사용하는 가죽이 지지할 수 있을 정도로 장력이 충분한가를 체크합시다. 사용하는 가죽이 부드러워서 스마트폰을 지탱할 수 없다면, 2장의 가죽을 겹쳐 붙이면 장력이 생기고 접착제로 단단해집니다.

roll type glasses case

# 두루마리 안경집

뚜껑에 단추를 달고 끈을 묶어 고정하는 타입의
두루마리 안경집.
본체는 옆판이 아닌 앞부분을 바느질해서
디자인에 변화를 주었습니다.

본체 옆을 바느질하지 않고 앞판 쪽을 바느질해서 고정하는 디자인입니다. 옆판이 없어도 입체감이 생겨서 안경 수납이 용이합니다. 또한 정면에서 봤을 때 스티치의 디자인감이 액센트가 됩니다.

뚜껑 중앙의 단추는 가죽 끈을 감기 쉽게 다리를 만들어 달았습니다. 조금 작은 사이즈의 가죽을 원형 펀치로 뚫어 잘라내서, 스페이서로 사용합니다.

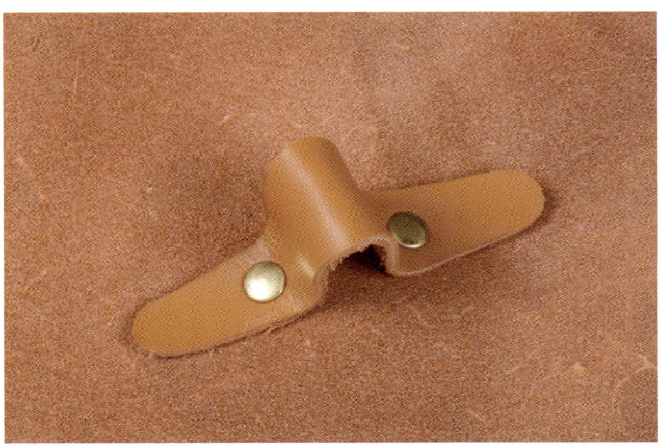

수납부의 바닥은 안경 코받침을 고정하는 받침대를 달았습니다. 안경이 케이스 안에서 덜걱거리는 것을 방지하는 동시에, 형태를 고정하고 본체가 구부러지는 것을 막습니다.

## 패 턴 Pattern

※ 패턴은 책 마지막의 삽지 앞면에 수록하였습니다.

**추가로 필요한 재료**
- 큰 리벳 양면 긴 발 3세트
- 가죽끈 90cm 1개

## 제작순서 Assembly

【 재단 ~ 바느질 】

1 모든 파츠를 재단한다. 원형 파츠는 원형 펀치로 구멍을 뚫는 편이 편하다. '단추'가 24mm, 스페이서가 12mm.

2 '코받침', '단추', '스페이서' 위치의 표시 '본체' 의 '단추 다는 위치', '코받침 다는 위치' 의 위치를 패턴에서 가죽에 표시하고 그 위치에 8호 원형 펀치를 뚫어 구멍을 낸다.

3 1. '본체' 의 '가죽 끈 다는 위치' 의 위치를 가죽에 표시하고 표시점을 연결하듯 선을 그으면 슬릿 형태가 된다. 이 슬릿에는 나중에 가죽 끈(빅 스웨이드 레이스)를 단다.

4 원형 구멍 위치를 맞춰 '본체' 의 '코받침 다는 위치' 에 '코받침' 을 겹친다. 원형 구멍에 도트를 끼워서 코받침을 고정한다.

5 '본체' 양 사이드(사이드 바느질 위치 부분)의 상하 끝을 맞추듯이 가운데에서 접고, 3mm 폭으로 고무 접착제를 발라서 맞붙인다.

6 5 에서 맞붙인 모서리에 디바이더로 바느질 선을 긋고, 바느질 구멍을 뚫는다.

【 단추를 단다 】

1 '본체' 의 '단추 다는 위치' 구멍에, '스페이서' 2장과 '단추'를 겹친다. 모두 구멍을 관통하듯 도트를 단다.

2 도트를 고정해서 단추를 단다.

3 '가죽 끈 다는 위치' 의 슬릿에 빅 스웨이드 레이스(90cm, 1줄)을 통과하고, 양 끝을 맞춰 고정한다.

4 전체 형태를 유지한 채, 뚜껑을 닫고, 가죽 끈을 단추에 말아서 형태를 확인한다. 가죽 끈 길이는 적당히 조정한다.

**완성!**

caramel pouch

# 카라멜 파우치

레트로한 카라멜 포장지 느낌으로
친숙하고 손에 쏙 들어오는 디자인.
복잡한 구조로 보이지만
장방형을 바느질하는 것만으로 완성됩니다.
심플한 순서로 만들 수 있습니다.

정방형의 파츠를 지퍼와 함께 '인스티치' 방식으로 재봉하고, 뒤집는 것 만으로 완성. 포인트를 알면 사이즈를 변형해서 만들어볼 수도 있습니다.

# 패 턴 Pattern

**추가로 필요한 재료** •지퍼 3호 15cm ······ 1개

## 지퍼옆

**2 장**

가죽1.0mm 두께

38×160mm

## 옆 면

**2 장**

가죽1.0mm 두께

90×160mm

접는 선

## 바닥

**1 장**

가죽1.0mm 두께

85×160mm

# 제작순서 Assembly

1 각 파츠를 재단한다.

2 지퍼 양 사이드에 간격을 9mm 두고 '지퍼 옆'의 파츠를 붙인다. 붙일 때는 양면 테이프나 고무 접착제를 사용한다. 이때, 지퍼를 단 전체 폭이 85mm가 되기 때문에 사이즈가 어긋나면 위치를 조절해서 다시 붙여야 한다.

3 지퍼의 양 사이드인 '지퍼 옆' 파츠의 테두리를 3mm 폭으로 바느질한다. 바느질 선 양 끝은 테두리에서 간격을 3mm 남겨둔다.

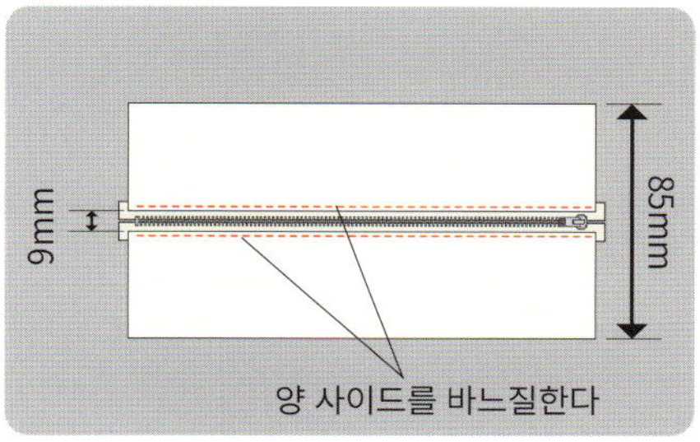


4 은면을 안쪽으로 해서 '지퍼 옆(지퍼 포함)' 과 '바닥' 파츠의 사이에 '측면' 을 오므리는 형태로 만든다. 테두리에서 3mm 폭으로 맞붙이면 대롱 구조가 된다.

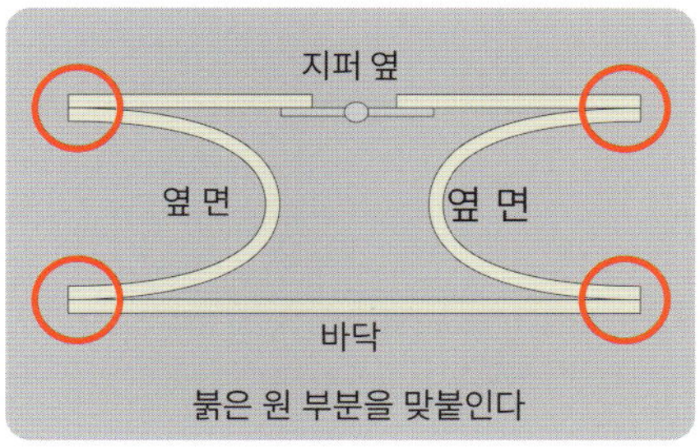


5 추가로 영끝을 닫듯이 맞붙이고, 테두리에서 3mm 폭으로 바느질한다.

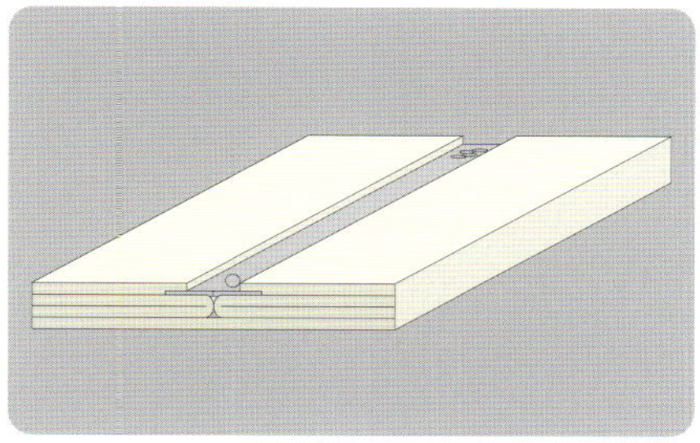

6 본체를 겉에서 뒤집는다. 손톱을 세워서 은면에 상처를 내지 않도록 주의한다.

7 뒤집은 후, 안쪽에서 꼭지점이나 바느질 부분을 확실히 눌러서 형태를 만들어준다.

**완성!**

## Point 포인트

인스티치로 마감하는 작품은 지퍼 슬라이드가 안쪽으로 들어갑니다. 닫은 상태에서 마감하면 이후에 지퍼를 열기 힘듭니다. 4 에서 조립을 시작하기 전에 지퍼는 열어놓은 상태로 작업합시다.

cup type pen stand

# 컵 모양 스탠드

컵 스타일의 원통형 디자인 필통입니다.
입체적인 구조를 가지고 있어서 어려워 보이지만
정확하게 바느질 구멍을 뚫으면
초보자도 깔끔하게 만들 수 있습니다.

십자형 파츠 1장을 입체적으로 조립하고, 입구를 오므려서 바느질합니다. 미리 패턴대로 바느질 구멍을 뚫어놓으면 초보자도 간단하게 완성할 수 있습니다.

입구는 가죽을 접어서 단단하게 만듭니다. 지지력이 강하기 때문에 펜이나 자 등 스테이셔너리를 많이 넣을 수 있습니다.

# 패 턴 Pattern

※ 패턴은 책 마지막의 삽지 뒷면에 수록하였습니다.

**추가로 필요한 재료**

없음

# 제작순서 Assembly

【 재단한다 ~ 안감을 붙인다 】

1. 패턴대로 '본체'와 '안감'을 재단한다.
2. 패턴에 표시된 점을 모두 가죽에 표시하고, 이 위치에 원형 펀치 3호(0.9mm)로 둥근 구멍을 뚫는다. 원형 펀치의 크기는 조금 달라도 무방하다.
3. 구멍이 딱 맞도록 위치를 조절해가면서 패턴의 '뒤집어 접기' 의 위치대로 구부려서 접어서 접는 자국을 낸다. 구멍에 바늘을 찔러가면서 접으면 맞추기 쉽다.
4. 겹치는 부분 안쪽 면에 고무 접착제를 바르고 붙인다.

5. '안감' 뒷면 전체에 본체 뒷면 '안감 붙이는 위치' 에 고무 접착제를 바르고 맞붙인다. 평평하게 붙도록 확실하게 압착한다. 바느질해도 OK.

【 바느질해서 조립한다 】

1. 바느질 실 한쪽 끝에 바늘을 끼우고, 바느질할 준비를 한다.
2. 입구를 맞춘 후 입구쪽 구멍에 뒷면에서 바늘을 통과한다. 실의 한쪽 끝을 10cm 정도 남겨두고(마지막에 묶을 때 필요한 길이), 바로 옆의 구멍에 걸 듯이 바느질한다.

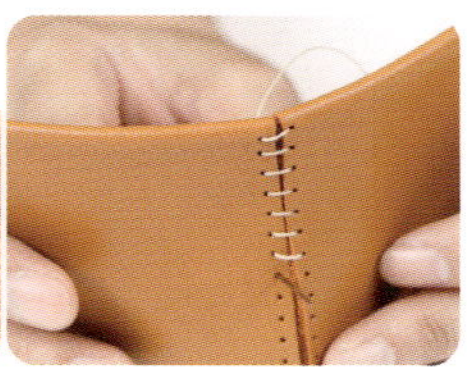

이때, 면의 실은 평행하고, 뒷면의 실은 사선이 된다.

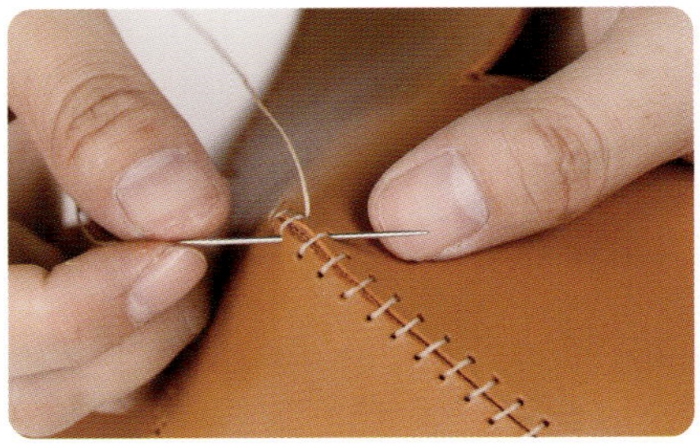

3. 한쪽 바닥의 구멍까지 오면 거꾸로 바느질해서 올라온다. 겉면은 평행한 실이 이중이 되고, 뒷면은 ×자 형태가 된다.

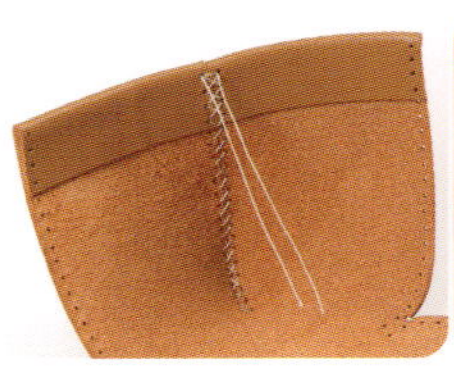
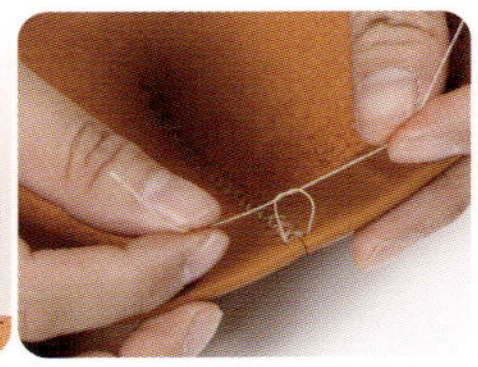

4. 입구의 구멍까지 돌아오면, 실을 안쪽으로 꺼내서 10cm 정도 남겨둔 후 자른다.

5. 양쪽 실을 묶는다.
6. 실을 고정하기 위해 묶인 매듭에 순간접착제를 살짝 바른다. 그리고 한번 더 꽉 묶는다.

7 실을 짧게 자르고 묶은 매듭을 작게 정리한다.

8 다른 세 곳도 동일하게 바느질한다.

완성!

Point 포인트

먼저 구멍을 뚫어놓고 실을 꿰는 형태이기 때문에 쉽게 작업할 수 있습니다. 왼쪽의 순서대로 하면 바깥쪽 스티치는 평행하게, 안쪽은 ×자 스티치가 됩니다. 반대로 겉을 ×자로 만들어도 좋습니다. 또한, 가죽의 잘린 입구가 벌어지지 않도록 바느질할 때는 확실히 매듭을 지어줘야 합니다.

실은 깔끔하게 마감해야 하기 때문에 너무 얇은 실은 고정이 어렵습니다. 두께가 있는 실이 고정하기 편합니다.

mini tool case

# 미니 툴 케이스

공구나 장비를 넣는 툴 케이스를 미니 사이즈로 만들었습니다.
필통나 소품을 넣는 보관함으로도 쓸 수 있으니
필요한 용도에 따라 활용하세요.

본체 파츠 양사이드에 옆판을 다는 구조여서, 심플하면서도 사용하기 좋습니다. 아이템 수납도 깔끔하게 할 수 있습니다. 본체는 장력 있는 가죽을 사용해서 형태가 무너지지 않게 고정합시다.

벨트 구멍 중 첫 번 째 구멍에 끼우면 옆판이 사각형이 되면서 수납 용량이 커집니다. 두 번째 구멍에 끼우면 옆판이 삼각형이 되면서 슬림해집니다. 수납품의 크기와 양에 따라 변형해서 사용하세요.

# 패 턴 Pattern

※ 패턴은 책 마지막의 삽지 뒷면에 수록하였습니다.

**추가로 필요한 재료**

| 솔트리지 극소 | 2세트 |
|---|---|

# 제작순서 Assembly

【 재단한다 】

1. '본체' 1장, '옆판' 2장, '벨트' 2장을 패턴대로 잘라낸다.
2. '본체'는 '솔트리지 다는 위치'의 표시(2곳)를 표시하고 여기에 원형 펀치 7호(2.1,mm)로 원형 구멍을 뚫는다.
3. '벨트' 는 '칼집' 의 선 양 끝에 있는 표시대로 표시하고 점을 잇듯이 선을 긋는다. 상단의 표시에 펀치 15호(4.5mm)로 원형 구멍을 뚫은 후, 앞서 그은 선 위치에 칼집을 만든다.

【 벨트를 단다 】

1. '본체' 겉면에 있는 '여기에 벨트의 단을 단다' 부분의 은면을 거칠게 깎고, 고무 접착제를 바른다. 빠져나오는 부분이 없도록 주의.
2. '벨트' 는 뒷면의 '붙이기' 범위(끝에서 5mm 폭)에 고무 접착제를 바른다.
3. 벨트를 본체에 단다.
4. 벨트 가장자리, 끝에서 5mm 떨어진 부분을 바느질해서 고정한다. 패턴의 '벨트를 단 후 바느질한다' 부분이다. 벨트 양 사이드의 단차 아래에도 바느질 구멍을 뚫고 끝에서 거는 것처럼 바느질한다.

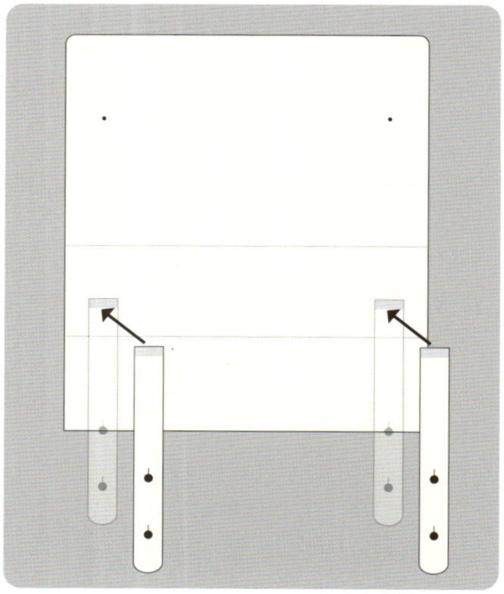

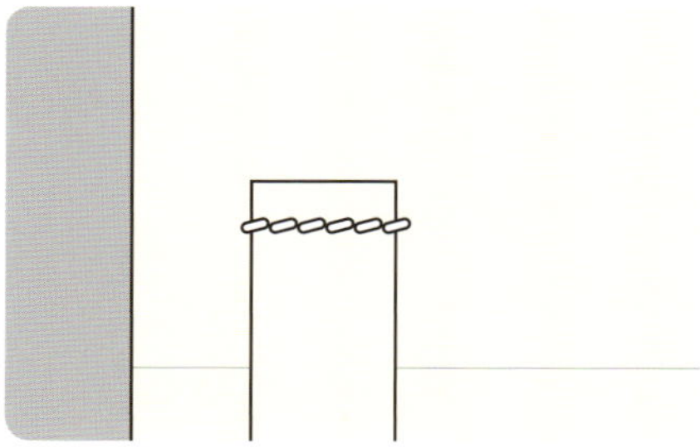

【 옆판을 단다 】

1. '본체' 의 입구 한쪽 면을 남기고 세 모서리를 3mm폭으로 바느질 선을 그은 후 바느질 구멍을 뚫는다.
2. '본체'의 '옆판 다는 위치' , '옆판'의 '다는 위치'의 범위에 고무 접착제를 바른다. 고무 접착제는 뒷면에 발라야 한다.
3. '옆판' 의 붙이는 범위를 은면 쪽에서 90도로 꺾듯이 구부려서 본체의 붙이는 범위에 붙여 나간다. 옆판의 각과 붙이는 위치의 끝을 잘 맞춘다.

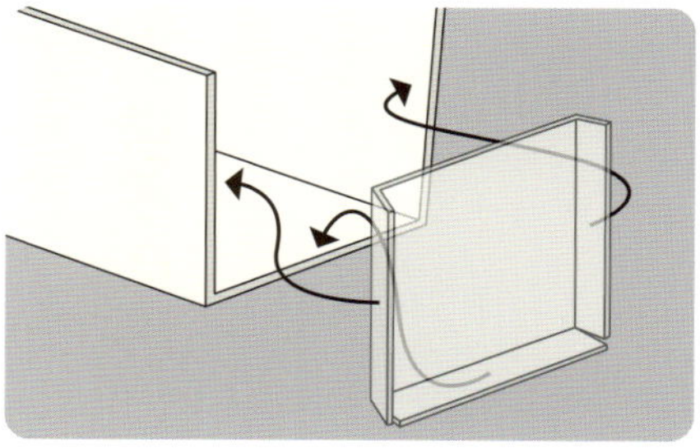

4. 1에서 뚫은 바느질 구멍을 끝에서 끝까지 바느질한다. 옆판을 맞붙이는 부분은 바느질 구멍을 마름 송곳 등으로 찔러서 끝까지 통과하게 한다.

【 솔트리지를 단다 】

1 '본체' 를 잘라낸 후 뚫은 원형 구멍에 뒷면 쪽에서 솔트리지의 다리 부분을 박아 넣는다.

2 겉면에서 솔트리지의 머리 부분을 단다. 머리를 달기 전에 다리에 본드를 살짝 묻힌 후 머리를 돌리면 한층 단단하게 고정된다

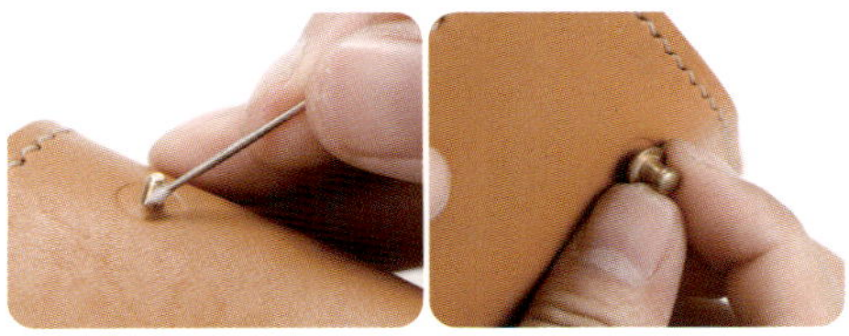

3 마지막으로 일자 드라이버나 동전을 사용해서 다리를 돌려 확실하게 고정한다. 반대쪽 솔트리지도 동일한 방식으로 단다.

완성!

round zip mini wallet

# 라운드지퍼 미니 월렛

가죽공예로 만들어보고 싶은 작품으로 손꼽히는
라운드 지퍼 월렛.
동전, 지폐, 카드 등을 수납할 수 있는
미니멀한 디자인으로 만들었습니다.
일상 아이템으로 딱 맞는 미니 월렛, 지금 도전해보세요.

지퍼를 라운드 형으로 달아서 완전히 닫고
크게 열 수 있는 기능성 구조입니다.
만들 때도 쓸 때도 즐거운, 누구나
좋아하는 아이템입니다.

# 패 턴 Pattern

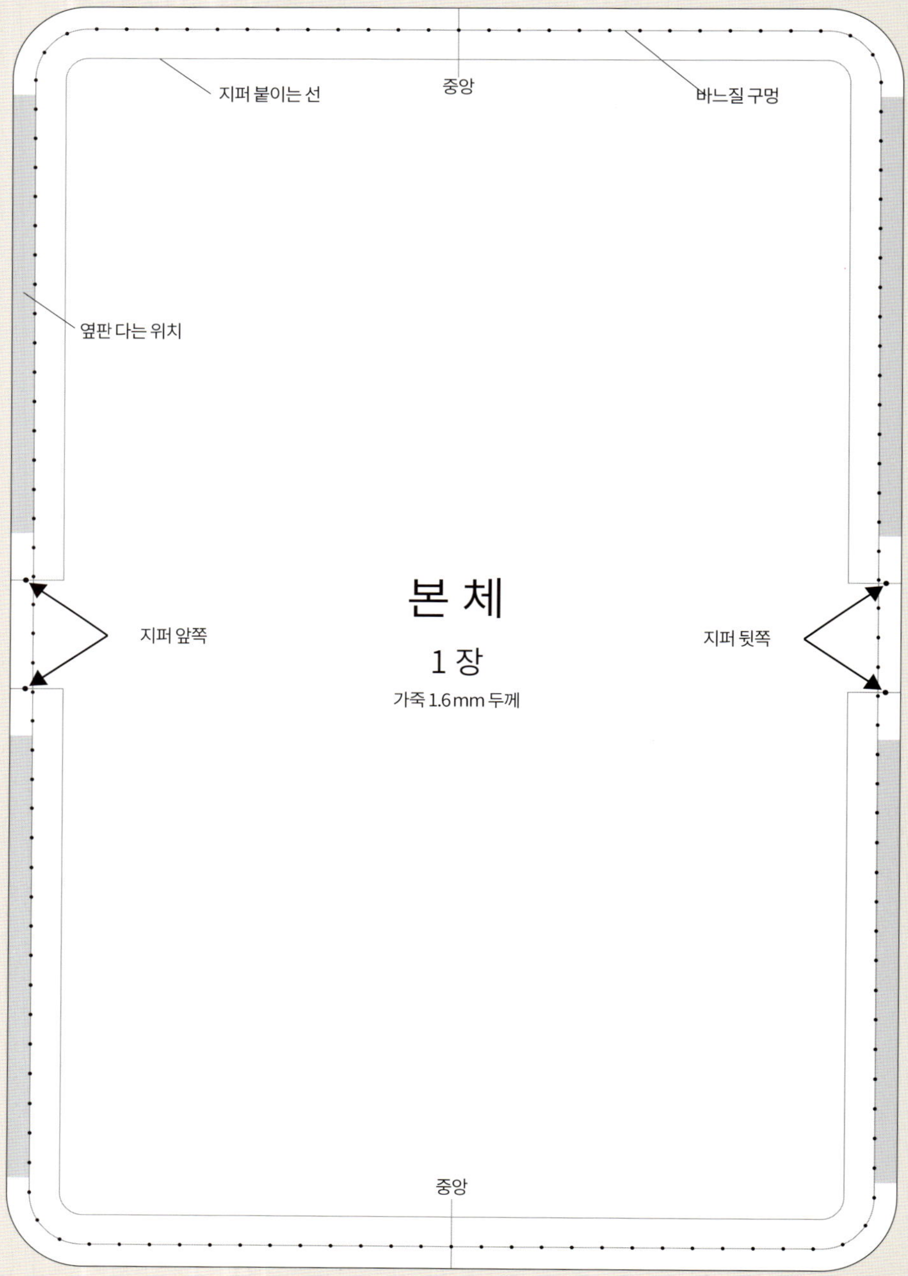

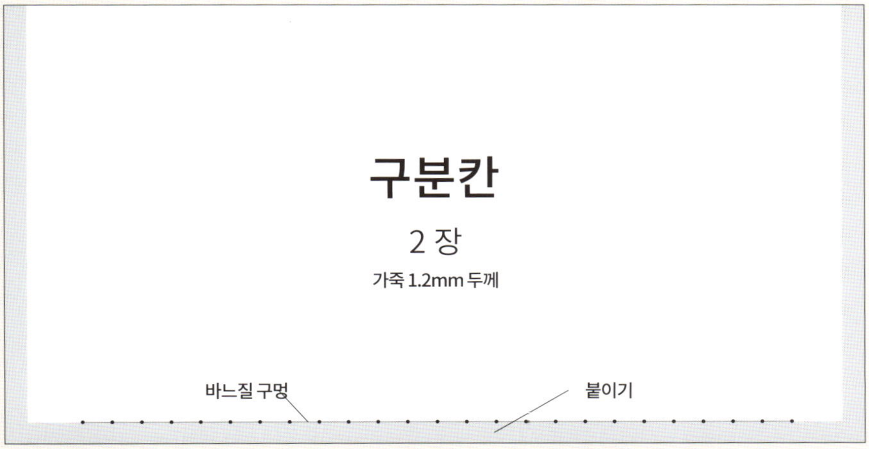


**추가로 필요한 재료**
- 지퍼 30cm 1개

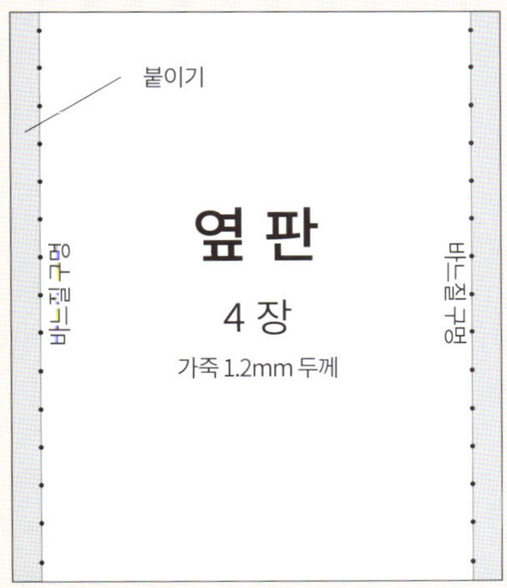


【조립 구조】

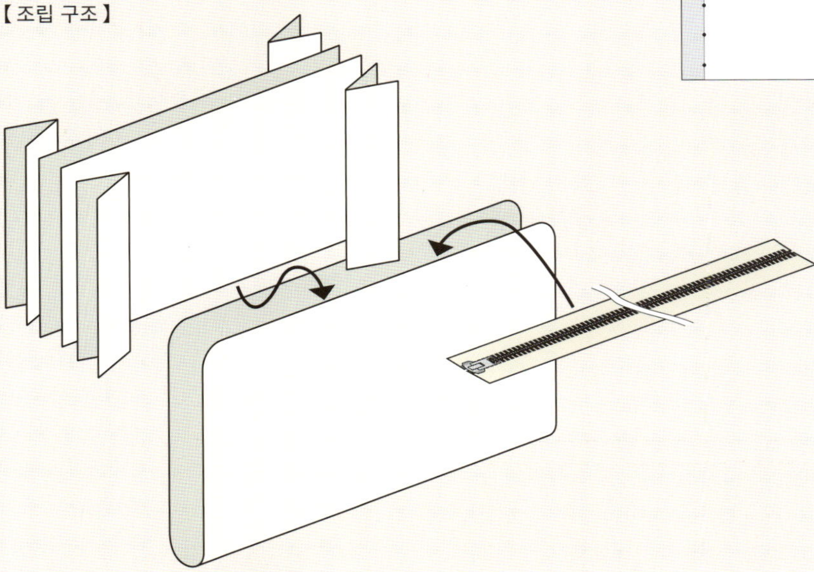

# 제작순서 Assembly

【 재단한다 ~ 내부 조립 】

1. '본체'를 1장, '구분칸'을 2장, '옆판'을 4장 재단한다.
2. '본체'와 '옆판'의 패턴에 기재되어 있는 '바느질 구멍'을 가죽에 표시하고 먼저 사선 목타 등으로 바느질 구멍을 뚫는다. 바느질 선은 테두리에서 3mm 폭으로, 구멍의 간격은 4mm 이므로 같은 간격의 사선 목타를 쓰면 편하다. 적당한 목타가 없다면 마름 송곳으로 한 개씩 뚫어도 무방.
3. '구분칸' 패턴에 기재된 '붙이기' 부분은 양 사이드와 바닥, 총 세 개의 변에 있다. 이 부분의 뒷면에 고무 접착제를 바르고 2장을 맞붙인다.
4. '구분칸' 바닥의 1개 모서리(맞붙인 쪽 긴 모서리)만 바느질 구멍을 뚫고 바느질한다. 바느질 선 양 끝은 테두리부터 10mm 정도 남겨둔다.
5. '구분칸' 양 사이드의 '붙이기' 부분은 은면을 거칠게 깎고 양면 모두 고무 접착제를 바른다.
6. '옆판' 의 한쪽 모서리면 '붙이기' 부분 범위의 뒷면에 고무 접착제를 바른다(4장 모두).
7. '옆판'에서 '구분칸'의 양 사이드를 접듯이 붙인다.
8. '옆판' 의 붙인 부분의 바느질 구멍을, 마름 송곳이나 원형 송곳으로 관통해서 붙이기 전에 미리 뚫어놓은 구멍을 연결한다. 붙인 부분을 모두 바느질한다. 위아래 끝은 테두리에 실을 두 번 감아 보강한다.

【 본체에 지퍼를 단다 】

1. '본체' 의 뒷면에 '지퍼 붙이는 선' (테두리에서 7mm 안쪽)을 디바이더 등으로 긋는다. 그리고 지퍼 앞 끝과 지퍼 뒤 끝을 표시한다.
2. '본체'의 끝에 '중앙'의 선을 긋는다.
3. 자퍼 겉의 양 사이드에 2mm 폭의 양면 테이프를 붙인다. 그리고 뒷면 중앙에 표시를 한다. 30cm이기 때문에 15cm를 자로 재거나 가죽을 반으로 접어서 표시한다.
4. 중앙의 표시를 따라 여기서 양끝을 향해 지퍼를 붙이는 선을 따라 붙여나간다. 지퍼의 방향은 어느 쪽이든 상관없다. 이때, 커브 부분은 뒷 공정에서 붙이기 때문에 일단은 붙이지 않고 놔둔다.

5. 지퍼 양끝은 '지퍼 앞 끝' 및 '지퍼 뒤 끝' 의 위치에서 직각으로 안쪽으로 구부려 붙여둔다.
6. 붙이지 않은 커브 부분의 산을 반으로 접어서 균등하게 주름을 접어가며 붙인 후, 평평하게 만든다.

【 본체와 내부 조립 】

1. '본체' 안쪽, 패턴의 '옆판 다는 위치' 에 고무 접착제를 바른다. 미리 지퍼를 달아놨기 때문에 가죽이 아닌 지퍼 테이프에 바른다.
2. '옆판'의 '다는 위치' 범위에 고무 접착제를 바른다. 구분칸과 맞붙이지 않은 부분이다.
3. '본체'의 '옆판 다는 위치'에 '옆판'의 끝을 붙인다. 이때, 본체와 옆판에 각각 뚫은 구멍의 위치를 딱 맞추기 위해, 양끝의 구멍에 바늘을 찔러 고정한 후 가이드삼아 붙여나간다.

4. 옆판의 끝(4곳)을 붙이고, 앞서 뚫어놓은 바느질 구멍을 따라 바느질한다.

완성!

Point 포인트

라운드지퍼를 잘 붙이는 것이 포인트가 되는 작품입니다. 이 책의 p.25~ '스마트키 케이스' 제작순서에도 지퍼를 다는 방법과 요령이 잘 설명되어 있으니 참고하세요.

'구분칸' 과 '옆판' 은 직사각형의 단순한 형태의 파츠입니다. 먼저 정위치에 구멍을 뚫어놓고 만들기 때문에 초보자라도 지퍼에 도전해볼 수 있습니다.

horseshoe coin purse

# 말발굽 동전지갑

입체적인 디자인의 말발굽 코인 케이스입니다.
단추를 달아 여닫는 타입입니다.
옆판을 단 구조로
기능적으로 만들어보았습니다.

말발굽 동전지갑은 우아한 디자인과 기능성을 동시에 가진 어른의 소품으로 인기있는 디자인입니다. 말발굽형 아이템도 다양한 타입이 있지만, 이 디자인은 구멍을 먼저 뚫어서 초보자도 도전할 수 있는 쉬운 방식입니다.
내부는 동전이나 접은 지폐를 넣을 수 있는 '본판'과 동전 트레이로도 쓸 수 있는 '뚜껑'으로 구성되어 있습니다. 뚜껑을 닫아서 고정하는 용도로는 단추를 달았습니다.

옆판은 수납력을 높일 수 있는 중요한 부분입니다. 이 작품에서는 입체 옆판 구조를 사용해서 말발굽 특유의 유려한 쉐이프를 만들었습니다.

옆판은 수납력을 확보하는 중요한 부위입니다. 이 작품에서는 입체 옆판 구조를 써서 말발굽형 특유의 밸런스 있는 셰이프를 만들었습니다.

# 패턴 Pattern

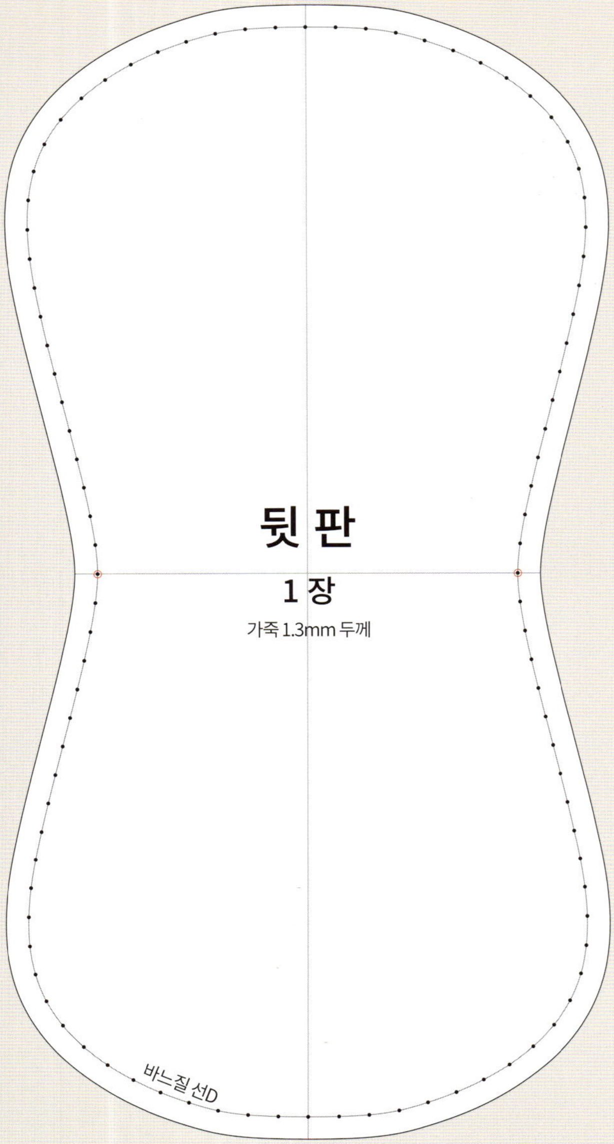


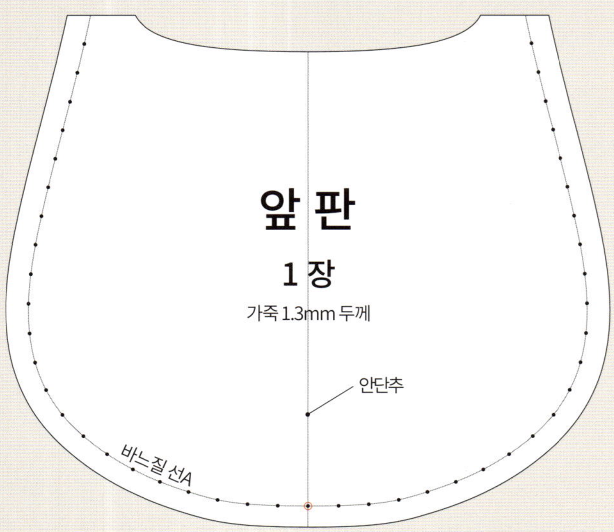


**추가로 필요한 재료**

- 스프링도트 No.2 소 1세트
- 히든 캡 소 1개

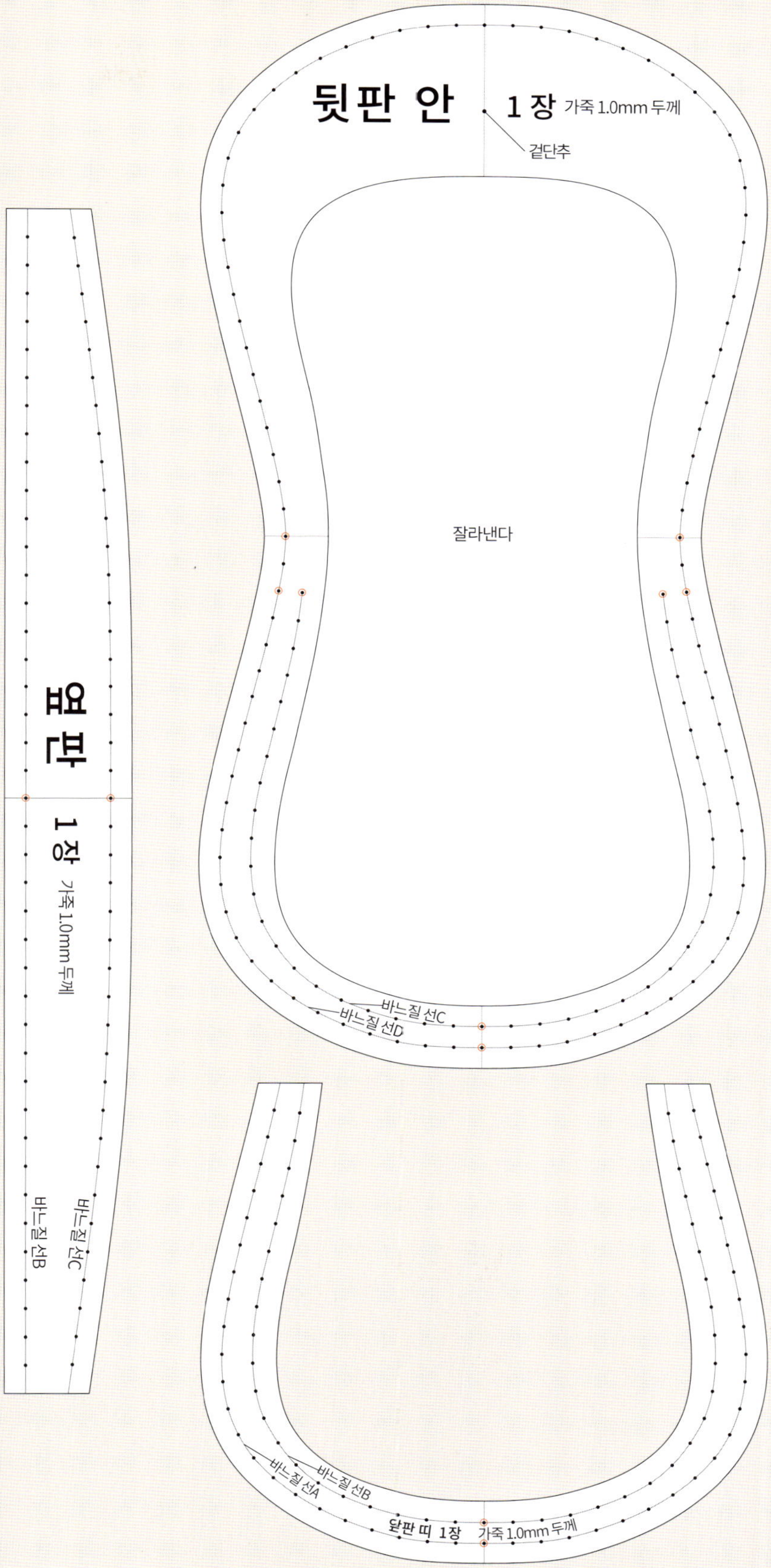
뒷판 안
1 장 가죽 1.0mm 두께
겉단추
잘라낸다
바느질 선C
바느질 선D
옆 판
1 장 가죽 1.0mm 두께
바느질 선C
바느질 선B
바느질 선A
바느질 선B
앞판 띠 1장 가죽 1.0mm 두께

# 구조 해설 **Structure**

말발굽 동전지갑은 곡선 파츠를 입체적으로 조립해서 바느질하기 때문에 난이도가 높은 아이템에 들어갑니다. 그러나 이 작품은 입체옆판 구조를 사용해서 먼저 바느질 구멍을 뚫은 뒤, 붙이지 않고 바느질하는 테크닉을 사용하기 때문에 비교적 간단하게 만들 수 있습니다.
패턴 대로 구멍을 뚫고, 지시대로 바느질 선을 꿰맵시다. 바느질 구멍의 위치를 정확하게 맞추기만 하면 오차 없이 깨끗하게 완성할 수 있습니다.
파츠를 겹치는 순서는 오른쪽 구조도를 참고하세요. 옆판 파츠는 합칠 때 중앙에서 U자 형태로 구부러지게 됩니다. 또한 가죽 안팎을 헷갈려서 잘못 조립하지 않도록 주의하세요.
기본적으로는 패턴의 '바느질 선 A~D' 를 각각 페어가 되게 맞추면 됩니다. 구조가 입체적이어서 조금 복잡하게 느껴질 수도 있으니 오른쪽 구조도와 입체옆판 구조를 잘 살펴보면서 도전해봅시다.

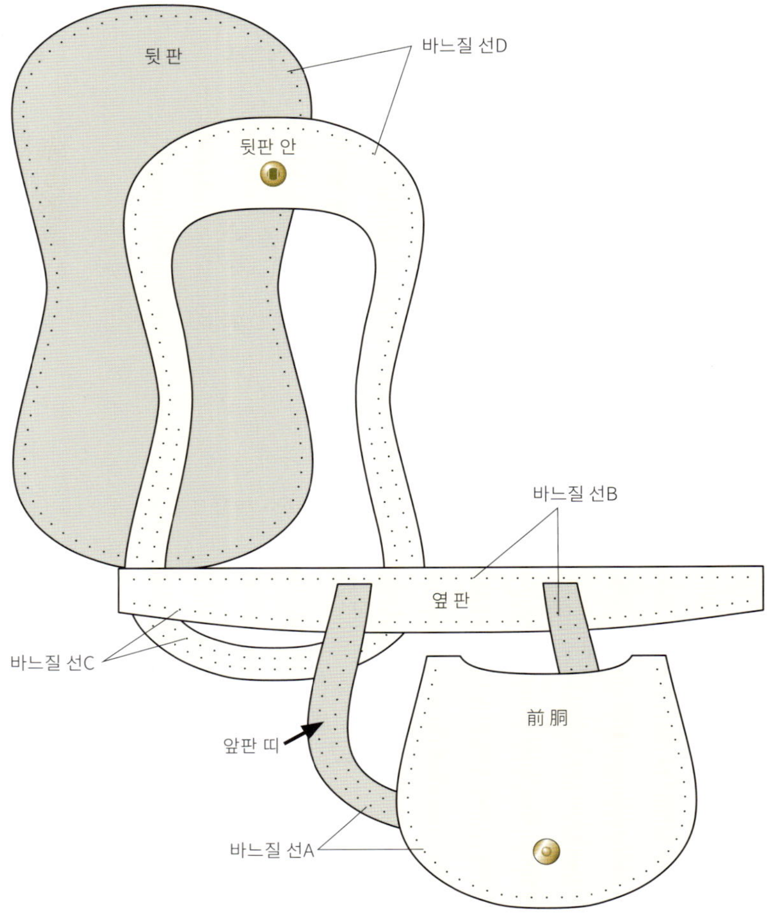


## Point 포인트

'입체옆판' 구조는 본체와 옆판 사이에 파츠를 끼운 형태의 옆판입니다. 작품의 형태가 망가지는 것을 막고, 수납력을 높이는 효과가 있습니다. 이 작품에서도 옆판을 U자로 구부려서 양쪽의 바느질 선을 각각 '앞판 띠'와 '뒷판 안'에 바느질해서 입체옆판으로 만들었습니다.

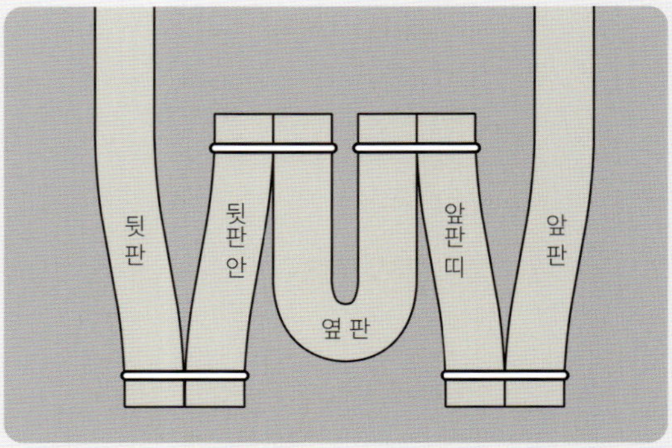

# 제작순서 Assembly

【 재단한다 ~ 단추를 단다 】

1. 모든 파츠를 잘라낸다.
2. 모든 파츠의 패턴에 기재된 '바느질 선 A~D' 을 가죽에도 표시하고, 그 위치에 바느질 구멍을 뚫는다.

### Point 포인트

바느질 구멍에 맞춰 그은 바느질 구멍은, 모드 테두리에서 3mm 폭입니다. 또한 바느질 구멍은 4mm 폭으로 설정했으므로 동일한 간격의 사선 목타(2날)를 사용하면 같은 위치에 구멍을 뚫을 수 있습니다. 목타가 없으면 마름 송곳으로 구멍을 하나씩 뚫으면 됩니다.

3. '뒷판 안'의 패턴에 기재된 '겉단추'의 위치에 15호 원형 펀치(4.5mm)로 구멍을 뚫는다.
4. 이 구멍에 안쪽에서 히든 캡, 겉에서 겉단추(암)을 세트하고, 스냅기나 공구로 고정한다.
5. '앞판' 의 패턴에 기재된 '안단추' 위치에 표시하고 8호 원형 펀치(2.5mm)로 구멍을 뚫는다.
6. 이 구멍에 겉에서는 안단추(수), 겉에서는 안단추(암)을 세트하고 스냅기나 공구로 고정한다.

【 조립한다 】

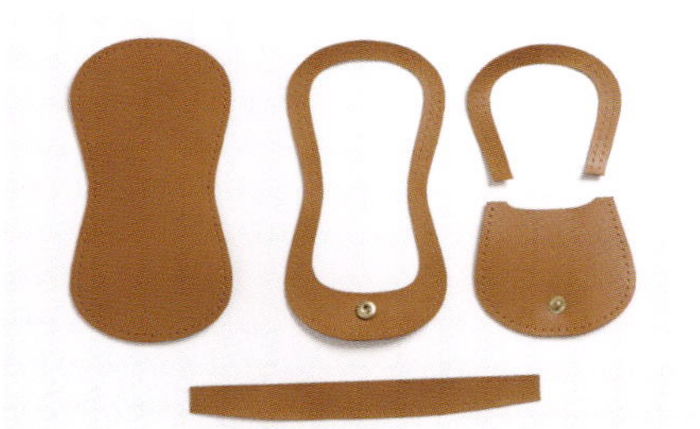

1. '옆판' 과 '앞판 띠' 의 '바느질 선 B' 를 함께 은면을 안쪽으로 해서 바느질한다. 패턴에서 구멍 개수를 일치시켜 놨으므로 붙일 필요 없이 구멍 사이가 들뜨지 않도록 꽉 바느질하면 반대쪽과 만난다. 바느질 시작, 끝은 실을 테두리에 감아서 보강한다.

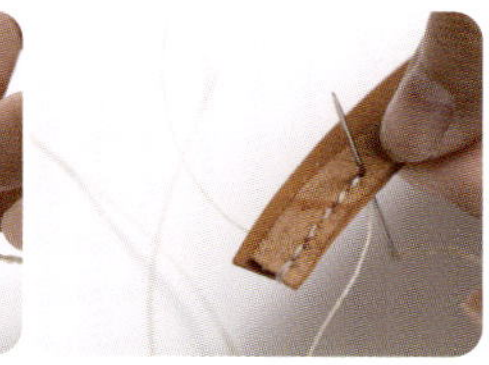

2. 이어서 '앞판'과 '앞판 띠'의 '바느질 선 A'를 뒷면을 안쪽으로 해서 바느질한다.

# 제작순서 Assembly

**3** 이어서 '옆판' 과 '뒷판 안' 의 '바느질 선 C' 를 함께 은면을 안쪽으로 해서 바느질한다. 바느질 선 C의 바느질 구멍 수는 '뒷판 안' 쪽이 양 끝 1개씩 총 2개 많다. 그래서 바느질 시작과 끝은 실을 '옆판' 테두리에 걸 듯이 해서 바느질 한다. 양 파츠 모두 중앙의 바느질 구멍 위치(패턴의 붉은 부분)이 나란히 되듯이 표시해 놓으면 좋다.

**4** 마지막으로 '뒷판 안' 과 '뒷판' 의 '바느질 선 D' 를 함께 바느질한다. 한 바퀴 잇는 바느질 선이기 때문에 상하좌우 및 센터의 표시를 미리 해놓고 체크해가면서 바느질한다.

**5** 모양이 맞는지, 단추가 잘 닫기는지 확인한다.

**완성!**

### Point 포인트

옆판을 조립할 때, 가죽의 두께나 장력이 너무 강해서 입체적으로 바느질하기 힘들 때가 있습니다. 이때는 파츠를 주물러서 부드럽게 만든 뒤, 미리 형태를 만들어놓고 바느질하면 한결 쉽습니다.

miniature boots

# 미니어처 부츠

진짜 부츠와 닮은 꼴의 입체 구조 부츠.
여러 파츠를 조립해서 작업하다보면
퍼즐을 맞추는 것 같은 재미가 있습니다.
장식용은 물론,
스테이셔너리 수납으로도 활용할 수 있습니다.

귀여운 미니어처 사이즈 부츠를 가죽으로 만들어봅시다. 여러 파츠를 퍼즐 맞추듯이 맞추는 공정은 진짜 구두를 만드는 공정과 동일합니다. 가죽공예를 어느 정도 배우신 분, 재단에 자신 있는 분, 도전해보세요.

# 패 턴 Pattern

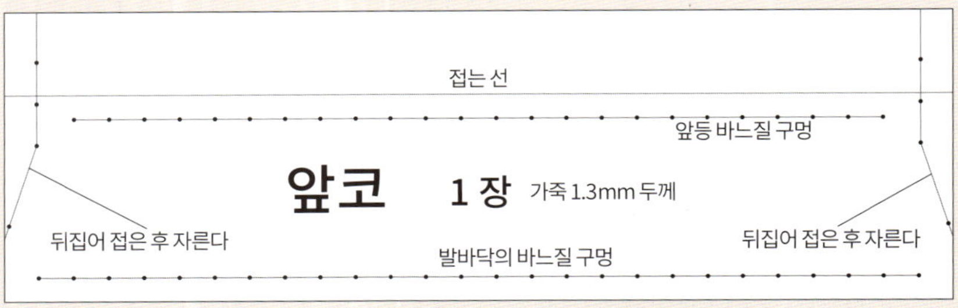


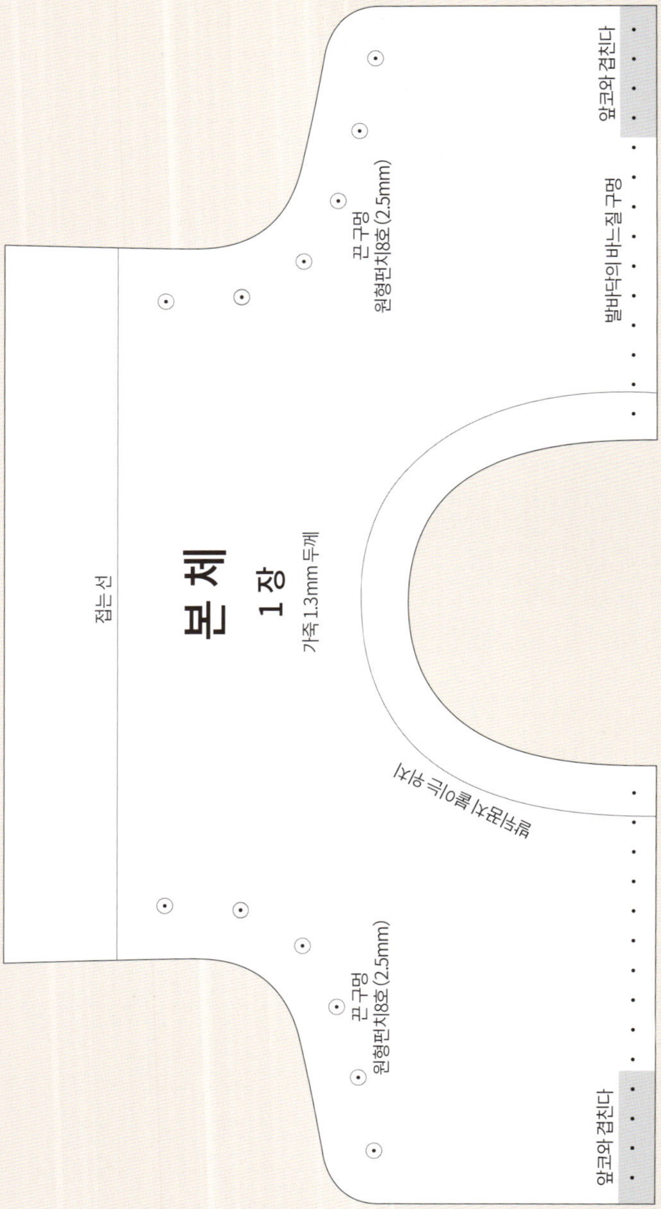


**추가로 필요한 재료**

•가죽 끈 직경 1.0mm 약 1m

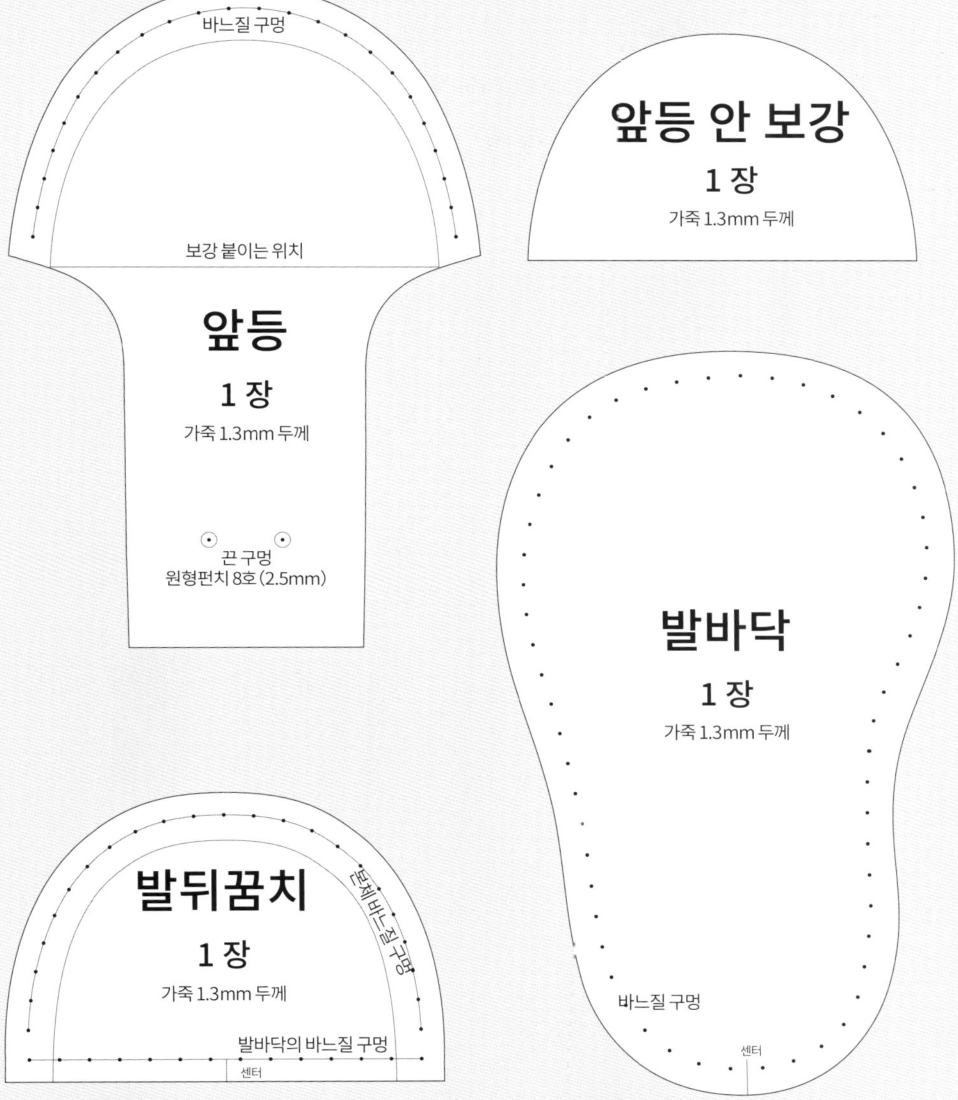


'발바닥' 패턴은 좌우비대칭입니다. 이 패턴은 왼발용입니다. 오른쪽을 만들 때는 패턴을 뒤집어서 가죽을 재단해주세요. 다른 파츠는 좌우대칭이므로 왼발, 오른발 동일하게 사용하시면 됩니다.

# 구조 해설 Structure

일반적인 가죽공예에서 보기 힘든 모양의 패턴을 입체적으로 조립하기 때문에 조금 어려운 느낌이 듭니다. 그러나 패턴에 기재된 바느질 구멍을 먼저 뚫어놓고 구멍대로 바느질하면 자연스럽게 형태가 만들어지게 됩니다. 초보자도 비교적 쉽게 도전해볼 수 있습니다.
패턴에 기재된 바느질 구멍은 4mm 폭입니다. 동일한 폭의 목타를 사용하면 동일한 위치에 균등하게 바느질 구멍을 뚫을 수 있습니다. 목타가 없는 분은 작은 원형 펀치나 마름 송곳으로 구멍을 내시면 됩니다.

조립할 때는 아래의 구조도를 참고하세요. 바느질 구멍의 수도 패턴대로 맞추면 되기 때문에 어렵지 않습니다만, 발바닥에 본체와 앞코를 바느질할 때 구멍을 4개 겹쳐야 합니다. 패턴과 제작 순서를 참고해서 만들어보세요.

좌우 한 쌍의 신발을 만들 때는 가죽을 2장씩 재단합니다. 단, 발바닥은 패턴을 뒤집어서 대칭으로 잘라내야 합니다.

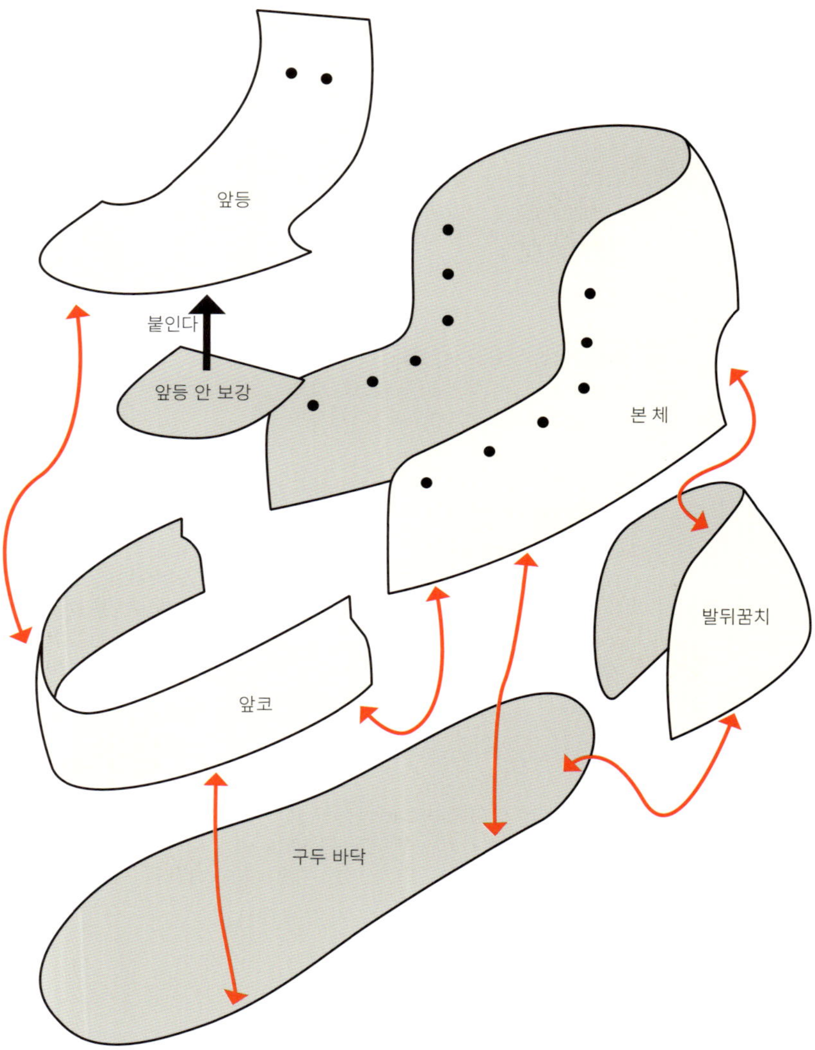

# 제작순서 Assembly

【 재단한다 】

1 '앞코', '본체', '앞등', '앞등 안 보강', '발뒤꿈치', '발바닥'을 패턴대로 잘라낸다.

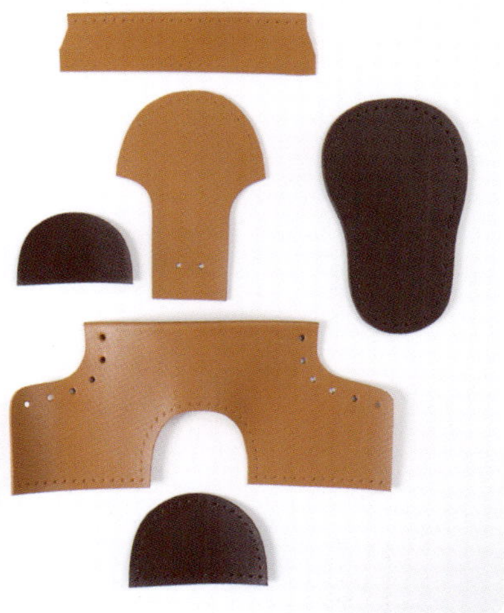

2 '앞코'와 '본체'는 패턴의 '접는 선'대로 반대로 접고, 겹치는 범위의 뒷면에 고무 접착제를 발라 붙인다. 또한 '앞코' 는 붙인 뒤 '반대로 접은 후 커트' 의 부분을 잘라둔다.

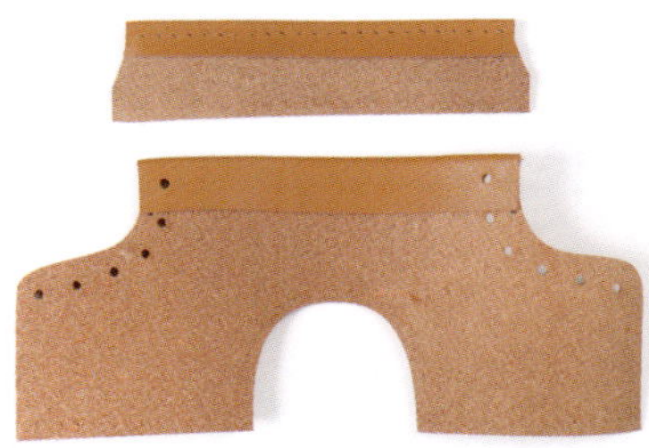

3 모든 파츠의 '바느질 구멍' 의 표시하고 4mm 목타, 없으면 송곳 등으로 구멍을 뚫는다. 또한 '끈 구멍' 은 8호 원형 펀치로 둥근 구멍을 뚫는다.

【 본체와 앞코를 만든다 】

1 '본체' 와 '발뒤꿈치 붙이는 위치' 에 '발뒤꿈치' 를 붙이고, '발뒤꿈치' 의 '본체의 바느질 선' 을 관통시켜서 바느질한다.

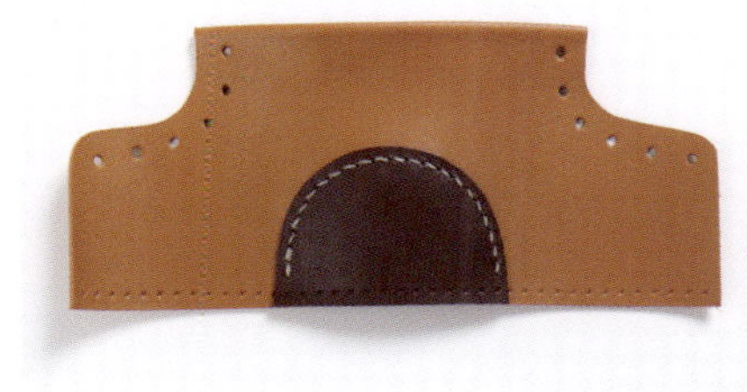

2 '앞등' 의 뒷면에 '보강 붙이는 위치' 의 범위, '앞등 안 보강'의 뒷면 전체에 고무 접착제를 바르고, 맞붙인다

3 '앞코' 의 접는 쪽 바느질 선과 '앞등' 의 바느질 선을 겹치고, 끝에서 끝까지 바느질한다. 구멍 수를 일치시켜 두었으므로, 고무 접착제로 붙이지 않아도 된다. 양 파츠의 구멍을 순서대로 바느질하면 자연스럽게 입체적인 모양이 된다. 바느질 시작과 끝의 테두리는 바깥으로 한번 걸어 보강한다.

【 발바닥과 바느질해서 합치기 】

1 본체에 달아 둔 '발뒤꿈치' 와 '발바닥' 의 센터를 합쳐서 겹치고, 그 주변의 바느질 구멍에 바늘을 꽂아 위치를 맞춘다. 그리고 구멍 수를 맞춰가며 바느질해나간다. '본체' 쪽 가죽이 '발바닥' 의 뒷면에 들어가도록, 구부려가면서 입체적으로 만든다.

2 '본체' 의 바느질 구멍이 테두리 끝에서 4개 남았을 때, 여기서부터는 '앞코(앞등과 맞붙인 상태)' 를 아래에 겹쳐가면서 바느질한다. 이것은 '본체' 패턴에 기재된 '앞코와 겹침' 의 범위이고, 가죽 3장을 동시에 바느질하게 된다.

3 앞코 쪽을 돌아서 반대쪽까지 진행하면 동시에 4개의 바느질 구멍을 공유해가면서 본체와 함께 바느질한다. 이 때, 본체 바느질 구멍이 앞코 아래로 들어가게 되고, 겹친 채라면 바느질이 어렵기 때문에, 각 파츠의 바느질 구멍에 별개의 바늘을 통과시켜, 실을 끼울 때 파츠를 당기듯이 하면 좋다.

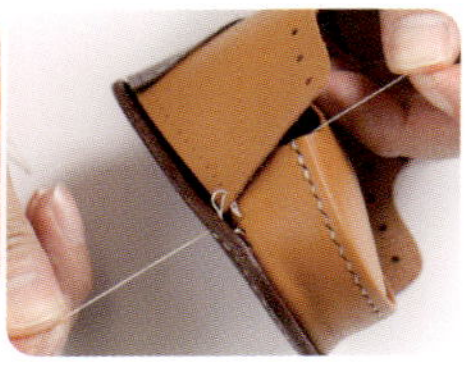

4 바느질 시작의 구멍까지 돌아오면 실을 자른다.

【 구두끈을 끼운다 】

1 본체의 부츠와 동일하게 아래의 구멍에서 가죽 끈을 통과한다. 안감이 가운데 떨어지지 않도록, 상부에 있는 2개의 구멍에 가죽 끈을 끼워둔다.

2 구두끈을 적당한 길이로 잘라서 묶는다.

완성!

## Point 포인트

끈을 통과하는 구멍에 아일렛을 박으면 느낌이 다르고 귀여움이 한층 더해집니다. 아일렛 사이즈는 3×4가 적당하고 6mm 아일렛 공구가 필요합니다.

또한 본체는 두께 1.3mm 정도의 가죽을 사용하지만, 아일렛을 달기에는 두께가 부족하므로 스페이서를 끼워서 확실히 고정할 수 있습니다.

Part.4

# 편의성이 좋은 백 & 케이스

가죽공예로 만들 수 있는 편리한 아이템,
취향에 맞춰 수납할 수 있는 백이나 케이스 등을 소개합니다.
디자인과 사이즈를 다양하게 변형하면서
쓰임새에 맞춰 취향대로 만들어봅시다.

fastener pouch

# 지퍼 파우치

작은 물건들을 많이 수납할 수 있는 사이즈로
다양한 용도로 사용할 수 있는 파우치.
챠밍 포인트는
핸드메이드답게 귀여운 디자인,
부드러운 커브를 그리는 지퍼입니다.

본체는 T자 옆판을 단 인스티치 구조로, 콤팩트하면서도 충분한 수납력을 자랑합니다. 다양한 케이스 류에 응용할 수 있는 기본 테크닉입니다.

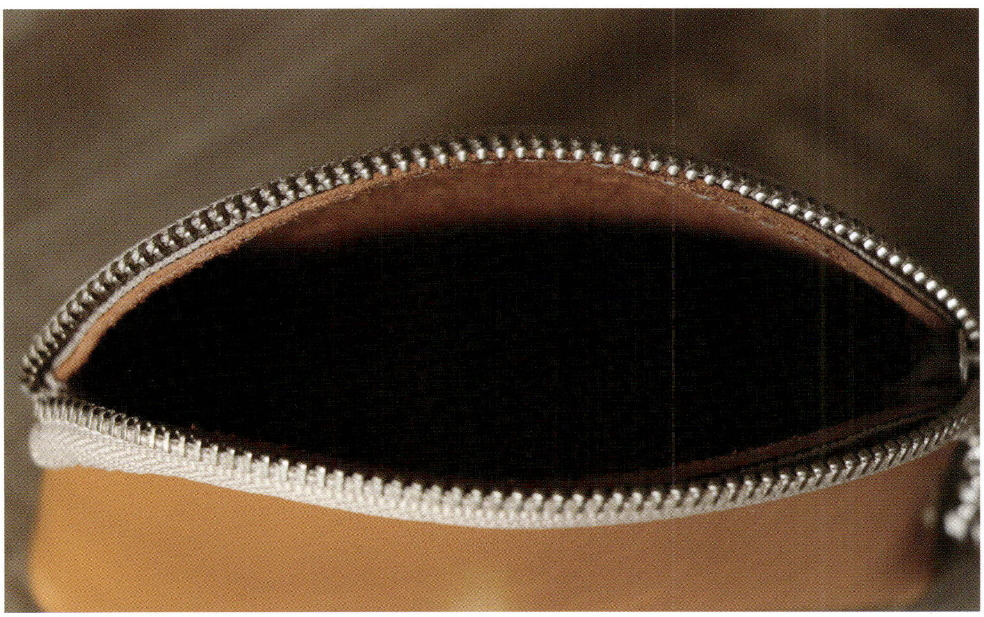

지퍼를 커브로 붙이는 작업은 요령이 필요합니다. 이번 작품에서는 파츠의 테두리에 맞춰 붙이고 지퍼 자체를 인스티치로 다는 방법을 소개합니다. 꼭 도전해보세요.

# 패 턴 Pattern

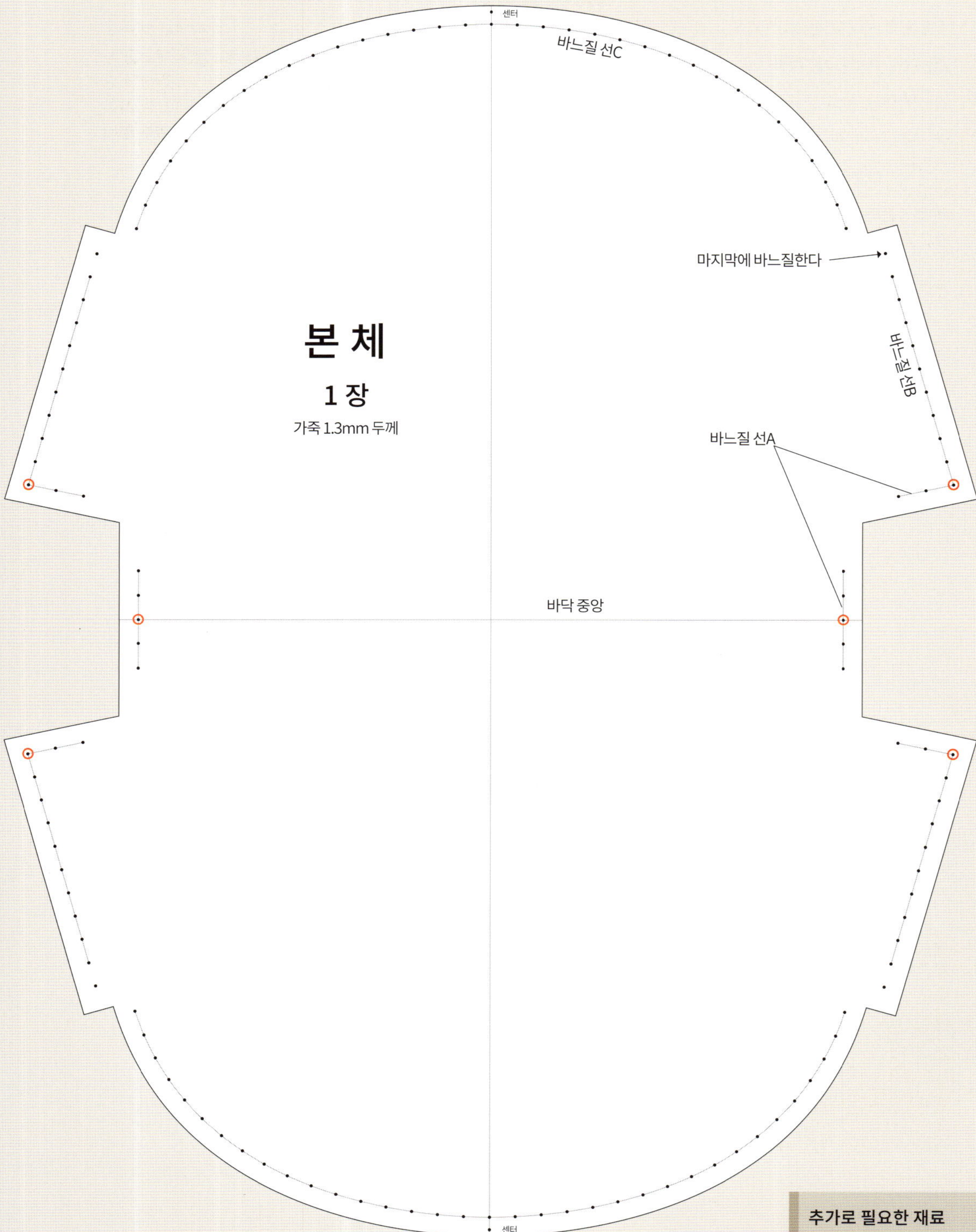


**추가로 필요한 재료**

- 지퍼 15cm 1개
- 양면 테이프 2mm 폭 적당량

# 제작순서 Assembly

【본체를 봉투 형태로 만든다】

1. 패턴대로 가죽을 재단한다.
2. 곡선부 중앙 '센터'의 표시 2곳을 본체 뒷면에 표시한다.
3. 바느질 선 A~C'를 표시하고 바느질 구멍을 뚫는다. 구멍 간격은 4mm로 설정했으므로 같은 간격의 목타가 없다면 송곳 등으로 뚫는다. 또한 '바느질 선 C'는, 지퍼와 함께 바느질하는 구멍이므로, '다이아몬드 목타 2mm' 로 옆으로 길게 바느질 구멍을 뚫으면 깔끔하게 바느질할 수 있다. 도구가 없다면 일반 사선 목타나 송곳 등 편한 방법으로 뚫어도 된다.

4. 겉가죽이 안으로 향하게 해서 '바닥 중앙' 을 접고, '바느질 선 B' 의 바느질 구멍을 겹쳐가며 바느질한다. 단, 한 번 위쪽 끝 '마지막에 바느질하기' 라는 구멍 하나는 바느질하지 않으므로 주의. 상단 끝에서 2번째 구멍부터 바느질을 시작해서, 하단 끝의 바느질 구멍(붉은 표시)까지 바느질하면 된다.

5. '바느질 선 A' 를 겹치고 바느질한다. 패턴에서 붉은 동그라미가 쳐진 바느질 구멍은 먼저 바느질한 '바느질 선 B' 와 공유한다. 또한 세 개의 붉은 구멍이 한 곳(바닥 중앙부)에 겹쳐지면서 바느질 구멍은 5개가 된다. 양 사이드의 바느질 선 A를 꿰메면 본체가 옆판 달린 봉투 형태로 만들어진다.

【지퍼를 붙이고 바느질한다】

6. 지퍼를 겉쪽 양 사이드에 2mm 폭 양면 테이프를 붙인다. 또한 안쪽에는 센터 표시를 해 둔다. 반으로 접어서

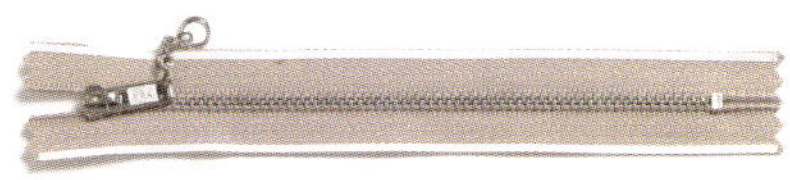

접힌 부분을 표시하면 편하다.

7. 최초에 달아둔 '센터' 표시를 따라 중앙에서 붙이기 시작한다. 지퍼와 가죽은 겉쪽을 함께 붙인다.

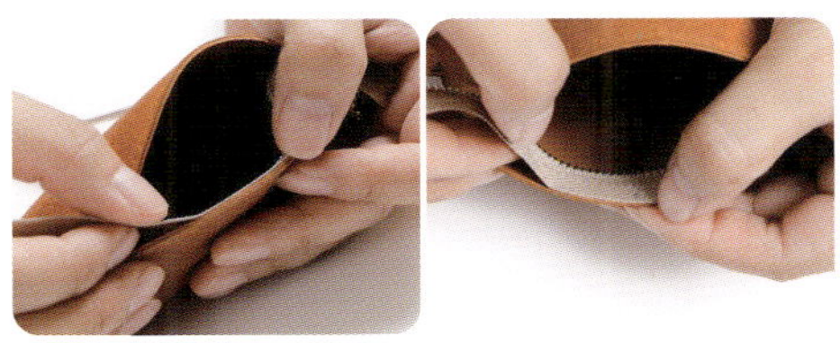

8 가죽과 지퍼의 테두리를 따라가며 그대로 끝까지 붙인다. 남는 지퍼 끝은 밖으로 나오게 놔둔다.

9 '바느질 선 C'의 끝에서 끝까지를 지퍼와 함께 바느질한다.

10 본체 사이드를 바느질할 때, 바느질하지 않은 '마지막에 바느질하기' 바느질 구멍에 실을 꽂고, 하나 아래쪽 구멍(바느질 선 B의 두 번째 구멍)과 함께 겹쳐 지퍼의 끝을 매듭짓는다.

11 본체를 뒤집고 형태를 만든다.

완성!

square pouch

# 사각 파우치

단정한 형태가 특징적인 스퀘어형 파우치
작은 물건을 많이 수납하고 싶으신 분께 추천합니다.
원피스 구조를 이해하면
사이즈를 바꿔서 다양한 케이스에 응용할 수 있습니다.

측면에 옆판이 달려서 효율적으로 물건을 수납할 수 있습니다. 패턴도 바느질선도 모두 직선으로 되어 있어서 재단과 구멍 뚫기도 쉽습니다. 곡선형 지갑보다 단정한 직선을 좋아하시는 분에게 딱 맞는 작품입니다.

## 패 턴 Pattern

※ 패턴은 책 마지막의 삽지 뒷면에 수록하였습니다.

**추가로 필요한 재료**

- 지퍼 20cm 1개
- 양면 테이프 2mm 폭 적당량

## 제작순서 Assembly

【 재단한다 ~ 지퍼를 단다 】

1 페턴대로 가죽을 잘라낸다.

2 1. '바느질선 A~C' 의 표시를 하고, 바느질 구멍을 뚫는다. 구멍의 간격은 4mm로 설정했기 때문에 같은 간격의 목타가 있다면 편하게 구멍을 뚫을 수 있다. 목타가 없는 경우는 작은 원형 펀치나 마름 송곳 등으로 구멍을 뚫어도 된다. 또한 '바느질 선 C' 는 지퍼와 함께 바느질하는 바느질 구멍이기 때문에 다이아몬드 목타 2mm로 뚫으면 좋다. 다이아몬드 목타가 없으면 가지고 있는 목타나 도구로 뚫어도 무방하다.

3 지퍼 겉의 양 사이드에 2mm 폭의 양면 테이프를 붙인다.

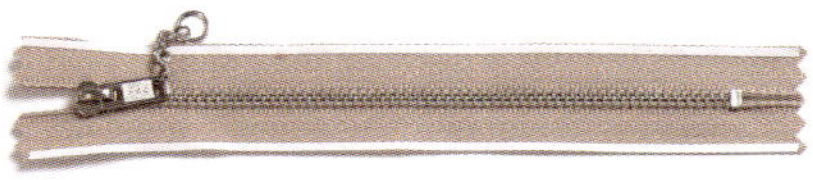

4 잘라낸 본체를 뒷면을 안쪽으로 해서 '바닥 중앙' 을 한가운데로 해서 접는다. '바느질 선 A' 의 부분을 지퍼의 양사이드로 해서 붙인다. 이 때, 튀어나온 네 곳의 테두리를 정확하게 맞추도록 한다.

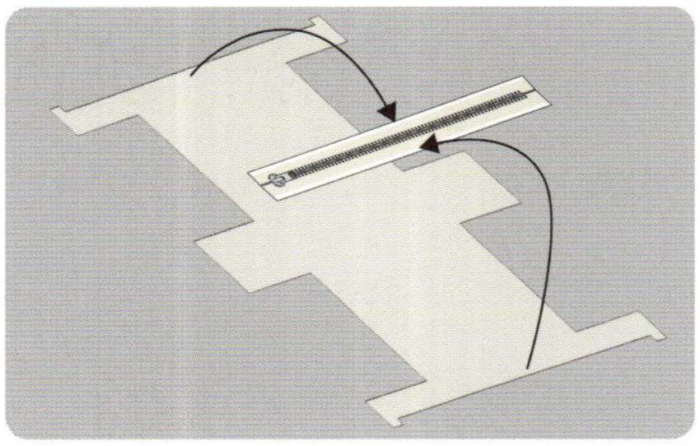

5 '바느질 선 A'를 지퍼에 바느질하고, 지퍼를 고정한다.

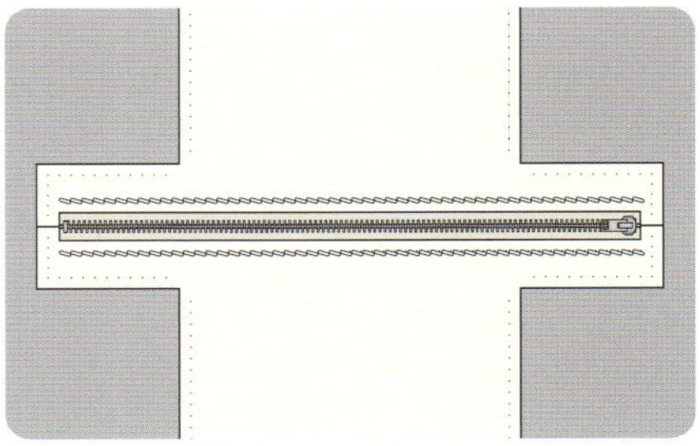

【 측면을 바느질해서 닫는다 】

1 본체가 대롱 형태가 되기 때문에 겉이 안쪽으로 들어가도록 뒤집고, 튀어나온 부분의 '바느질 선 B' 가 중앙에 모이도록 겹친다. 이때, 바닥 쪽에 튀어나온 부분을 아래로, 위쪽(지퍼 쪽)의 튀어나온 부분을 위로 겹치도록 한다. 뒤집으면 바닥쪽이 위로 겹치게 된다.

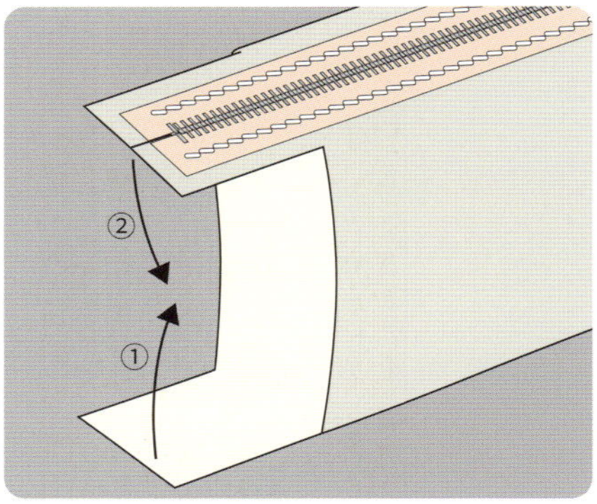


2 겹친 '바느질 선 B'를 끝에서 끝까지 바느질한다.

3 그대로 바느질한 '바느질 선 C' 를 인스티치로 바느질한다. 이때 지퍼는 열어둔 채로 바느질한다. 닫고 바느질하면 나중에 지퍼를 열기가 어려워진다.

4 본체를 뒤집고 형태를 만든다.

**완성!**

## Point 포인트

바느질 구멍은 패턴에 기재된 대로 먼저 뚫어둡니다. 고무 접착제로 붙이지 않고 대응하는 구멍을 바느질하기만 하면 형태가 만들어지기 때문에, 프라모델을 조립하는 것처럼 가볍게 만들 수 있습니다. 구멍 수를 맞추어 놓았기 때문에 바느질할 때는 대응하는 구멍을 확실히 체크하면서 빠뜨리지 않도록 주의하면서 바느질합시다.

moonface pouch

# 원형 파우치

도톰하고 야무지게 마감된 원형 파우치.
볼록한 가죽 질감을 즐길 수 있는
심플하고 군더더기 없는 디자인.
귀여운 소품 수납함으로서
일상 생활에서 사용하는 아이템으로 딱 맞습니다.

적당한 두께의 옆판은 지퍼 쪽과 바닥쪽의 2개 파츠를 연결했습니다. 바느질 구멍의 위치가 패턴에 기재되어 있으므로 이대로 구멍을 뚫으면 간단히 바느질할 수 있습니다.

원형의 본체를 인스티치로 조립해서 통통하고 귀여운 형태가 완성되었습니다. 작은 소품을 여러 개 넣어서 수납할 수 있는 만능 아이템입니다.

# 패 턴 Pattern

**추가로 필요한 재료**

- 지퍼 12cm 1개
- 양면 테이프 2mm 폭 적당량

# 제작순서 Assembly

【 재단한다 ~ 지퍼를 단다 】

1. '본체'와 '옆판'을 2장씩 자른다.
2. '옆판' 2장 중 1장은 '지퍼를 다는 쪽만 잘라낸다' 대로 창을 낸다. 먼저 양끝의 곡선부를 35호 원형 펀치(11mm)로 구멍을 뚫고, 그 둥근 구멍을 연결하듯이 재단하면 편하다. 원형펀치가 없다면 구두칼 등을 사용해서 커트한다.
3. 모든 파츠에 패턴대로 '바느질 선' 표시를 하고 위치를 맞춰 바느질 구멍을 뚫는다. 단, '옆판'의 바느질 선 A'는 ②에서 지퍼 창을 잘라둔 파츠만 뚫는다. 구멍의 간격은 4mm로 설정했으므로 같은 간격의 목타가 있다면 편하게 구멍을 뚫을 수 있다. 목타가 없는 경우는 작은 원형 펀치나 마름 송곳 등으로 구멍을 뚫어도 된다.
4. 지퍼 겉쪽 양 사이드에 2mm 폭의 양면 테이프를 붙이고, 창을 뚫은 쪽 옆판 안쪽에 붙인다. 겉에서 봤을 때 지퍼가 창의 중앙에 오도록 위치에 주의하면서 붙인다.
5. '바느질 선 A'를 한바퀴 바느질 하고 지퍼를 고정한다.

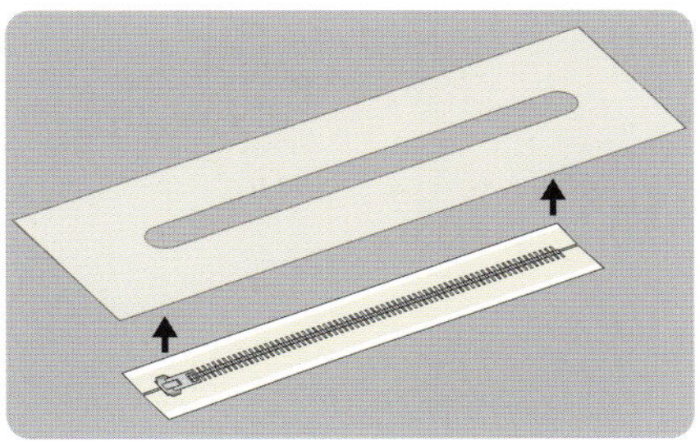

【 옆판을 연결한다 ~ 본체를 조립한다 】

1. 2장의 옆판의 끝을 겹치고, '바느질 선 B'를 한쪽씩 바느질해서 합친다. 겹치는 쪽은 지퍼를 단 쪽을 아래로 둔다.

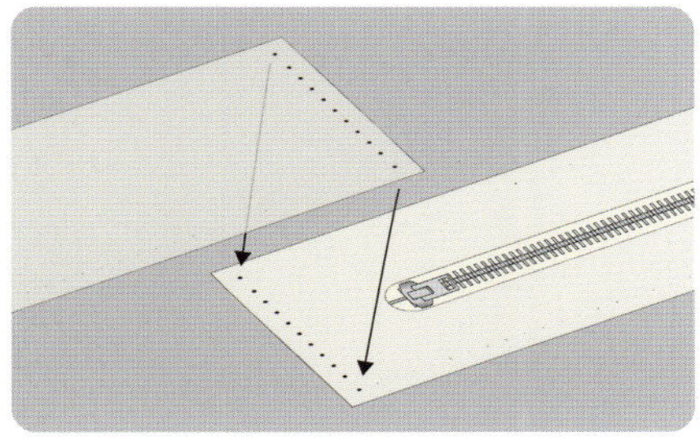

2. 둥글게 만든 옆판을 중앙에서 접고 지퍼를 열어둔다. 뒷면이 바깥으로 나오게 한다.
3. 옆판과 '본체' 를 중앙에서 접고 합친 뒤 테두리의 '바느질 선 C' 를 함께 바느질한다. 2장의 본체를 바느질하기 전에 지퍼를 열어둔다. 닫아 놓으면 완성 후에 지퍼를 열기 힘드므로 주의.
4. 본체를 겉으로 뒤집고 형태를 만든다.

완성!

pen case with lug

# 귀 달린 필통

아이템 명, 디자인 모두 매력 만점,
지퍼 귀가 달린 작품입니다.
지퍼를 여닫을 때 편리한
기능성 파츠가 디자인 포인트가 됩니다.
심플하면서도 개성 넘치는 필통입니다.

귀 부분은 안쪽에도 가죽을 붙이기 때문에 가죽 뒷면이 보이지 않아 깔끔하고 가죽 장력도 높아 늘어나지 않습니다. 또한 지퍼 슬라이더가 귀 부분까지 열려서 입구가 커지기 때문에 물건을 넣고 뺄 때도 편리합니다.

강아지 귀처럼 동그랗게 삐져나온 귀 부분. 파츠를 조립하지 않고 본체 일부를 이 형태로 재단해서 만듭니다. 가죽이라는 소재 특성을 잘 활용한 디자인입니다.

# 패 턴 Pattern

**추가로 필요한 재료**

• 지퍼 20cm 1개

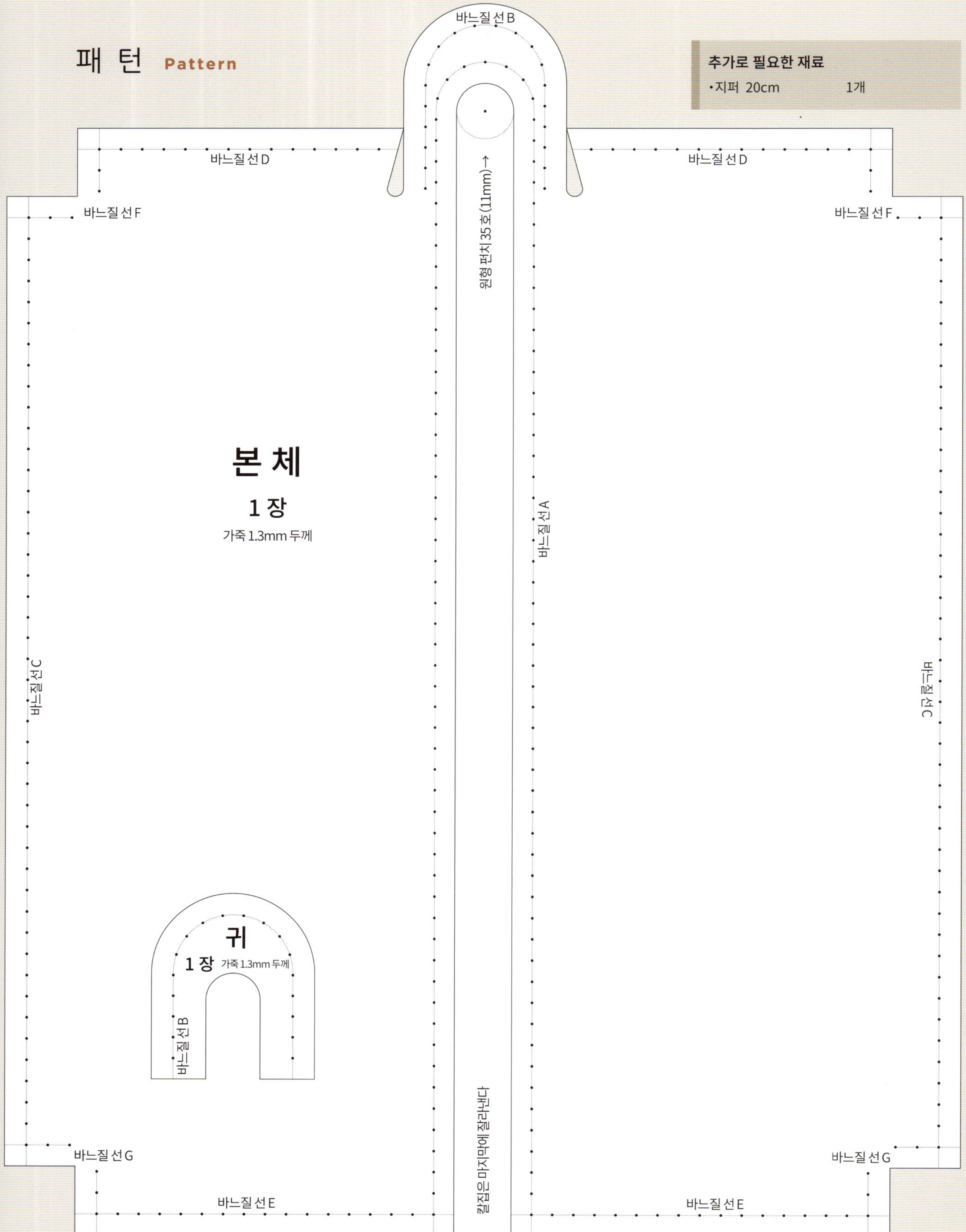


※본체와 귀는 별도 파츠입니다. 각각 복사해서 잘라서 사용하세요.

# 제작순서 Assembly

【 재단한다 ~ 지퍼를 단다 】

1. '본체' 와 '귀 뒤' 를 1장씩 잘라낸다. '본체' 를 재단할 때, 중앙의 슬릿도 함께 커트하면 형태를 만들기 쉽다. 먼저 본체 둘레를 자르고 마지막에 슬릿 부분을 잘라내면 본체 파츠를 정확하게 재단할 수 있다. 슬릿 끝의 커브는 원형 펀치 35호를 쓰면 편하다.
2. 각 파츠의 '바느질 선'의 표시를 하고, 그 위치에 맞춰 바느질 구멍을 뚫는다. 바느질 간격은 4mm로 설정했으므로 같은 간격의 목타가 있다면 편하게 구멍을 뚫을 수 있다. 목타가 없는 경우는 작은 원형 펀치나 마름 송곳 등으로 구멍을 뚫어도 된다.
3. 지퍼 겉쪽의 양 사이드에 2mm 폭의 양면 테이프를 붙이고 '본체' 중앙 슬릿의 부분에 안쪽에서 붙인다. 이때, 지퍼의 시작 쪽, 즉 닫았을 때 슬라이더 쪽 끝을 슬릿의 자른 쪽으로 향한다. 또한 닫았을 때 슬라이더 끝이 가죽 테두리에서 10mm 정도 위치에 오도록 설정한다.
4. '바느질 선 A'를 바느질하고 지퍼를 단다.

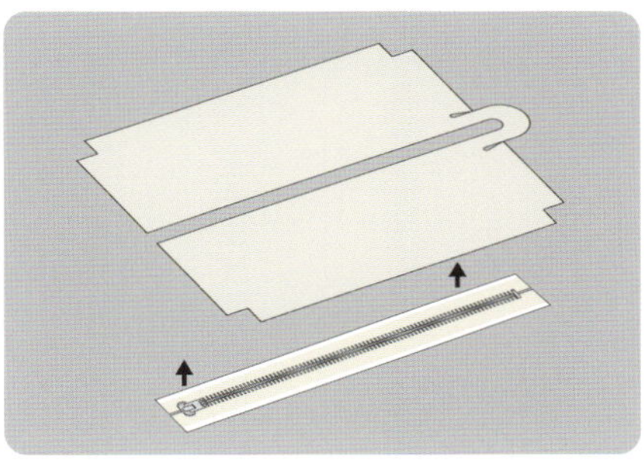

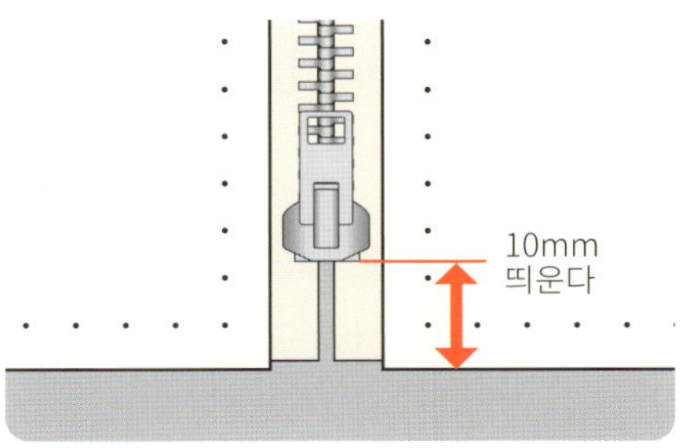


【 조립한다 】

1. '본체'의 귀 부분(바느질 선 B 부분)의 안쪽에서, 지퍼를 끼우듯이 '귀' 파츠를 대고 '바느질 선 B' 를 바느질해서 고정한다.

2. 본체를 봉투 형태로 바느질하기 전에 지퍼를 열어둔다. 닫은 채로 바느질하면 나중에 열기 어려워진다.
3. 본체의 겉을 안쪽으로 향하게 해서 접고 '바느질 선 C~E' 를 함께 바느질한다. 단, '바느질 선 D' 를 바느질할 때는, 먼저 귀 부분을 안쪽으로 접어둔다. 바느질하면 틈이 없어져서 귀를 밖으로 빼기가 어렵기 때문이다.

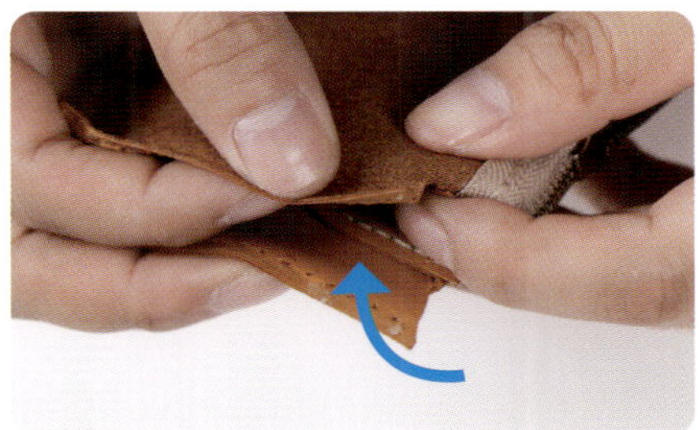

4. 바닥의 각의 간격을 빈틈을 없애고 '바느질 선 F·G' 를 바느질한다.
5. 본체를 겉으로 뒤집고 형태를 만든다.

완성!

wallet pouch

# 월렛 파우치

겉은 클러치 백으로 사용할 수 있는 얇은 파우치.

안쪽은 코인 케이스로 양 사이드에 포켓이 달린 월렛.

합쳐서 사용해도, 따로따로 사용해도 되는 자유자재 아이템.

편리함과 수납력을 높인 파우치입니다.

내장 파츠가 되는 월렛은 외장 파우치에 딱 맞는 사이즈로 만들었습니다. 파우치 자체에는 스마트폰이나 몸에 지니는 작은 물건들을 수납할 수 있도록 해서 외출 시에 들고 나가기 딱 좋은 수납력을 가지고 있습니다. 뚜껑에 자석을 달아서 쉽게 여닫을 수 있는 것이 장점입니다.

**추가로 필요한 재료**

- 자석 단추 M-6 14mm 1세트
- 지퍼 15cm 1개

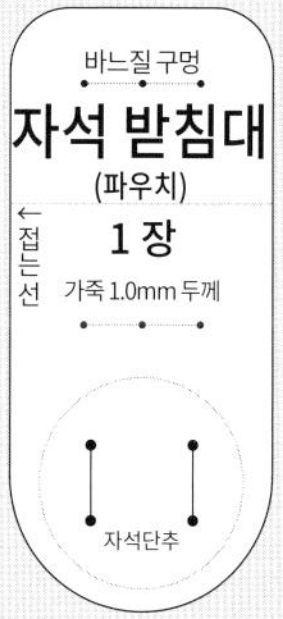


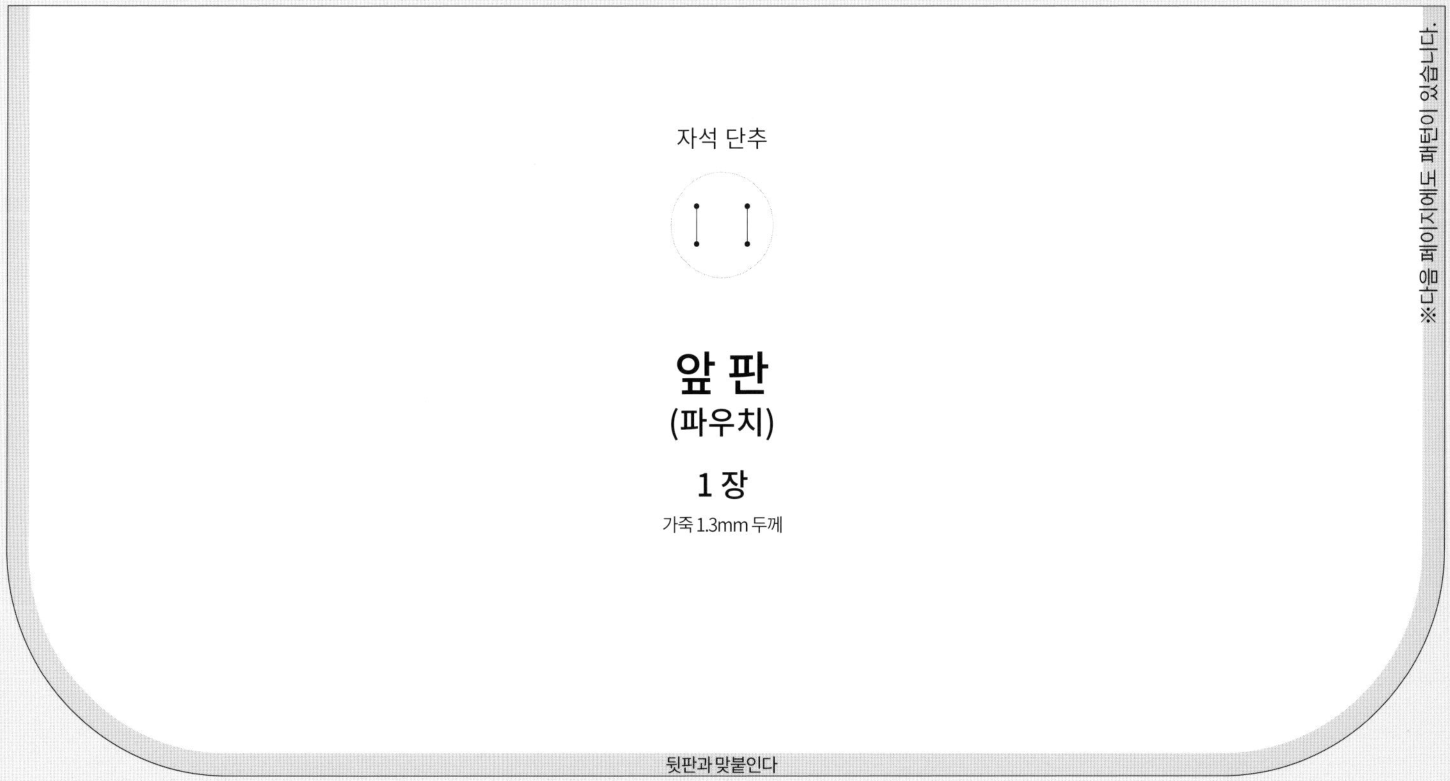


※다음 페이지에도 패턴이 있습니다.

지퍼 바느질 선

# 동전 포켓
## (월렛)

**1 장**

가죽 1.0mm 두께

貼り合わせ

맞붙인다

지퍼 바느질 선

맞붙인다
센터
사이드 포켓
(월렛)
1 장
가죽 1.0mm 두께
맞붙인다

# 제작순서 Assembly

【 재단한다 】

1. '뒷판', '앞판', '동전 포켓', '사이드 포켓', '자석 받침대'를 패턴대로 재단한다.

2. '앞판'과 '자석 받침대'에 패턴을 대고 '자석 단추'의 부분에 기재된 점 4개를 표시한다. 표시대로 옆으로 선을 긋고 커터 등으로 정확히 칼집을 낸다.

**Point 포인트**

'자석 단추'의 한 쌍의 칼집은 자석 단추 뒤쪽에 있는 발톱을 끼우는 용도의 구멍입니다. 패턴에는 길이 5mm로 기재하였지만, 자석 발톱 폭을 실측해서 너무 길거나 짧지 않게 칼집을 냅시다.

3. '뒷판'과 '자석 받침대'에 기재된 '바느질 구멍' 대로 표시한다. 뒷판은 3개, 자석 받침대는 6개의 구멍이 있다. 구멍 간격은 4mm로 설정했으므로 같은 간격의 목타가 있다면 편하게 구멍을 뚫을 수 있다. 목타가 없는 경우는 작은 원형 펀치나 마름 송곳 등으로 구멍을 뚫어도 된다.

【 파우치 조립 】

1. '앞판'의 칼집에 자석 단추의 중앙이 옴폭 파인 부분을 단다. 단추의 발톱을 겉에서 끼우고 안쪽에 나온 발톱을 구부려서 고정한다. 자석 단추 다는 방법은 이 책 p.34에 자세히 설명하고 있다.

2. '자석 받침대'의 칼집에는 자석 단추 중앙이 뾰족하게 돌기가 있는 쪽을 단다.

3. '뒷판'의 '자석 받침대 다는 위치'를 접는 선에서 접은 '자석 받침대'에 끼우듯이 하되, 자석을 가죽 뒤쪽으로 댄다. 바느질 구멍 위치를 맞추고 이 상태에서 3개의 바느질 구멍을 바느질하면 자석 받침대가 고정된다.

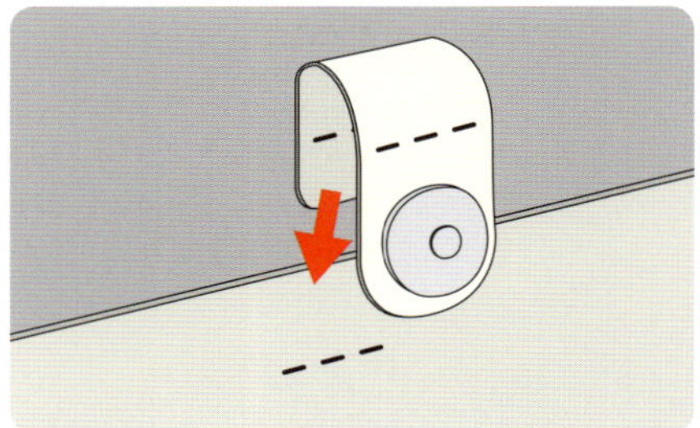

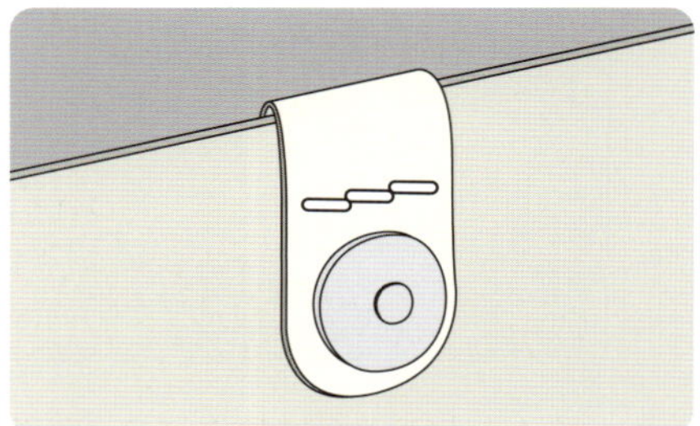

4. '뒷판'과 '앞판' 두쪽 다 회색으로 칠해진 '맞붙인다' 부분의 안쪽에 고무 접착제를 바르고, 꼭지점과 테두리를 맞춰서 맞붙인다.

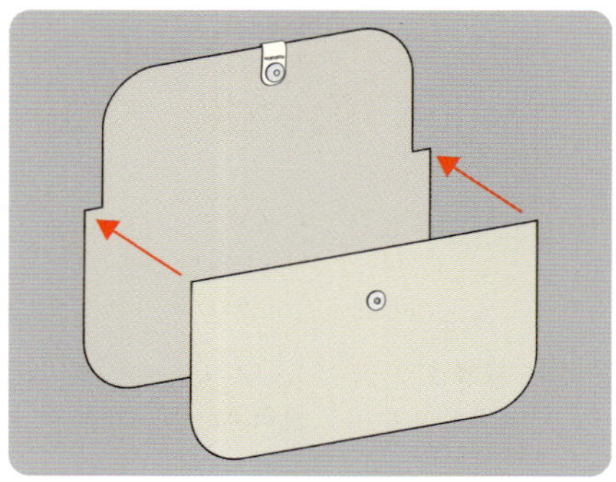

5. 맞붙인 모서리에 테두리에서 3~4mm 폭의 바느질 선을 긋는다. 사선 목타로 바느질 구멍을 뚫은 후 바느질한다.

【 월렛 조립 】

1 '동전 포켓' 의 '지퍼 바느질 선' 의 선 위에 사선 목타나 다이아몬드 목타로 바느질 구멍을 뚫는다.

2 지퍼 양끝의 테이프를 접어서 처리한다. 자세한 순서는 P.145에서 자세히 해설하고 있다.

3 지퍼 겉쪽 양 사이드에 2mm 폭의 양면 테이프를 인다. '동전 포켓' 을 대롱 모양으로 말면서 양쪽의 '지퍼 바느질 선' 부분을 지퍼 양 사이드에 붙인다. 이때 가죽의 테두리 간격이 10mm 가 되도록 붙이는 위치를 처리한다.

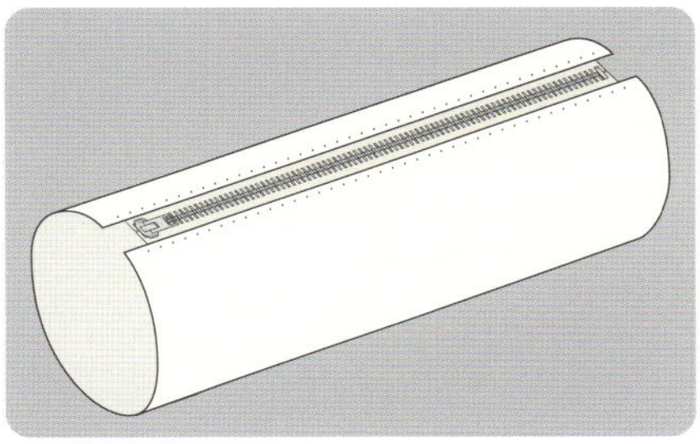

4 먼저 바느질 구멍을 뚫어 둔 '지퍼 바느질 선' 을 바느질하고, 지퍼를 고정한다. 붙일 때는 지퍼를 열어둔 채로 바느질해야 바느질이 끝난 후 열 수 있으므로 주의한다.

5 '동전 포켓' 양 사이드의 '맞붙이기' 부분의 뒷면에 고무 접착제를 바르고, 센터에서 접어서 봉투 모양으로 맞붙인다.

6 '사이드 포켓' 의 센터 라인의 양 끝에 표시를 하고, 표시를 '동전 포켓'의 바닥쪽 접은 선에 닿게 한다. 여기서 동전 포켓의 위 모서리가 나오는 위치에, 작게 표시를 한다. 겉과 안, 총 4곳에 표시한다.

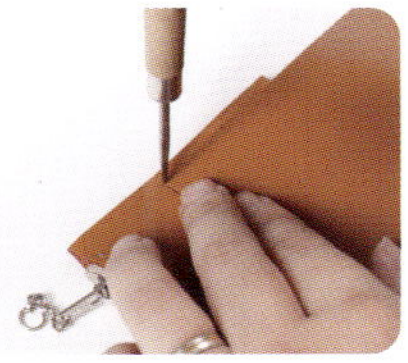

7 표시한 위치에서 바닥을 향한 쪽, '동전 포켓' 양 사이드를 테두리에서 3mm 정도의 폭으로 은면을 깎고 고무 접착제를 바른다.

8 동전 포켓의 양 사이드에 바느질 구멍을 뚫고 입구에서 바닥까지 바느질한다.

완성!

double pocket coin case

# 더블포켓 동전지갑

정통파 지퍼식 코인 케이스이지만
메인과 사이드에 두 개의 포켓이 있어
독특한 디자인적 요소를 가지고 있습니다.
수납부를 2곳으로 나누는 것만으로도
동전, 지폐, 카드, 영수증, 소품…
다양한 물건을 정리할 수 있는 다용도 지갑입니다.

인스티치로 사이드 포켓을 다는 방법은 알 것 같으면서 알기 어려운 방법입니다. 여기서 확실히 배운 후 다른 작품에 응용해봅시다. 형태는 심플한 스퀘어 형이지만, 바닥이 살짝 둥글어서 사용하기도 좋습니다.

# 패 턴 Pattern

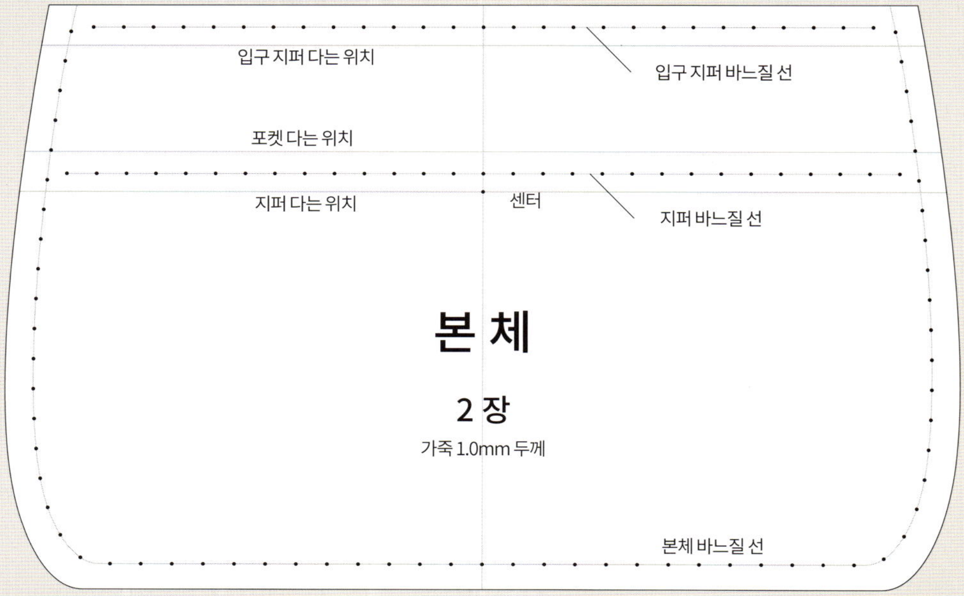


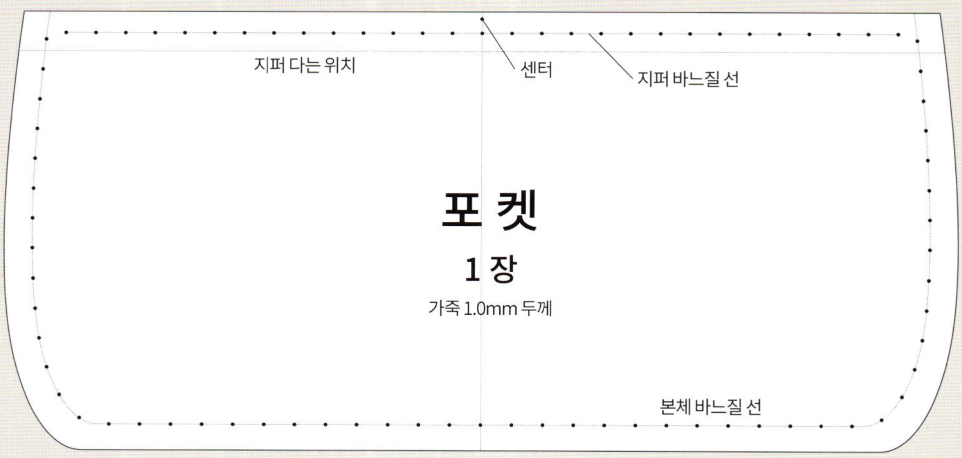


**추가로 필요한 재료**

- 지퍼 10cm 2개

# 제작순서 Assembly

【 재단하고 타공한다 】

1. '본체' 2장, '포켓' 2장을 재단한다.
2. 각 패턴에 기재된 '본체 바느질 선', '(입구)지퍼 바느질 선'의 표시를 가죽에도 하고, 그 위치에 바느질 구멍을 뚫는다. 단 '본체'의 지퍼 바느질 선 '은 2장 중 1장에만 구멍을 뚫는다. 바느질 구멍의 간격은 4mm로 설정했으므로 같은 간격의 목타가 있다면 편하게 구멍을 뚫을 수 있다. 목타가 없는 경우는 작은 원형 펀치나 마름속옷 등으로 구멍을 뚫어도 된다.

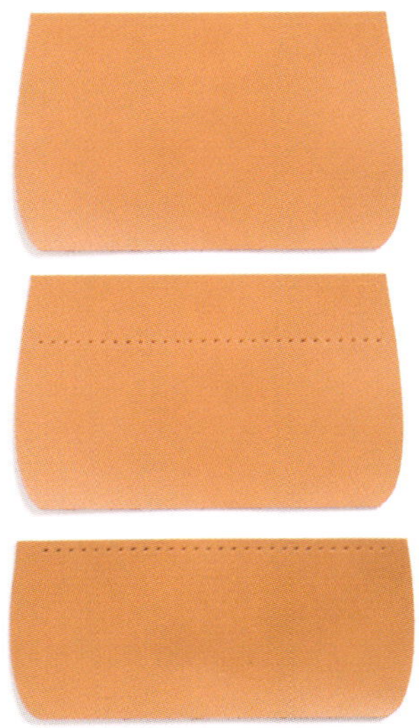

【 지퍼 끝을 접는다 】

1. 지퍼의 양끝 천 테이프 부분을 아래의 그림처럼 뒷면을 향해 접으면서 고무 접착제로 고정한다. 사이드의 비어져 나온 부분을 잘라낸다.

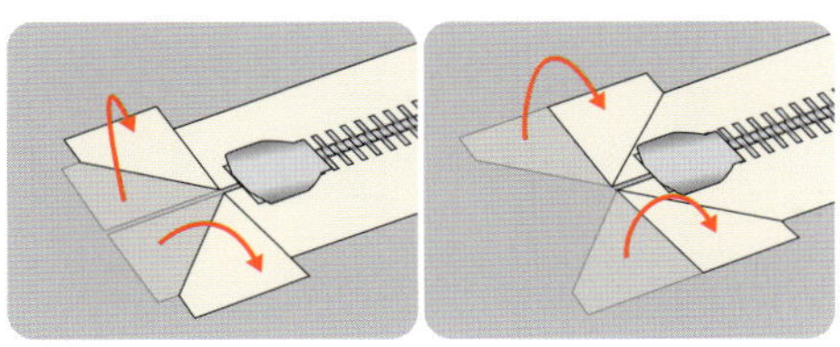

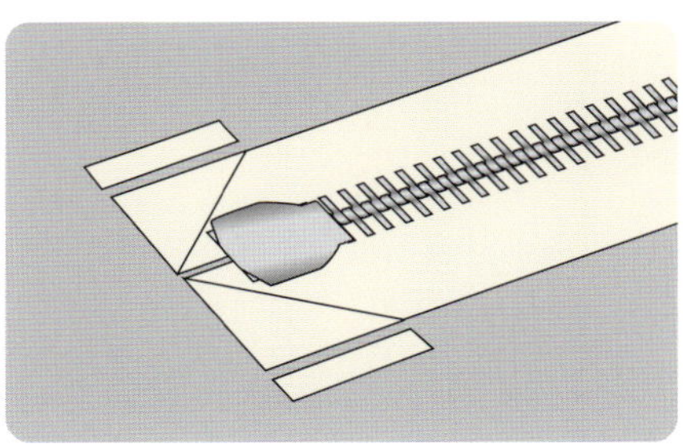

【 포켓에 지퍼를 단다 】

1. 지퍼 겉면의 양 사이드에 2mm 폭의 양면 테이프를 붙인다.

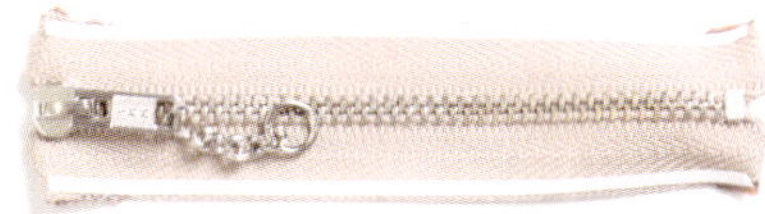

2. 지퍼의 길이를 측정하고, 센터에 표시한다. 또한 '포켓' 입구에도 패턴의 '센터' 표시를 한다. 완성 후에 보이지 않도록 살짝 표시만 한다.

3. '포켓'의 뒤쪽에 '지퍼 붙이는 위치'의 선을 긋는다. 그 선에 지퍼의 테두리를 대고 센터 표시를 맞춰 붙인다. 지퍼를 붙일 때는 슬라이더가 좌우 중 어디에 위치하는지 확인한다. 오른쪽으로 향하게 하도록 하고 싶다면 닫았을 때 왼쪽에 오도록 하는 것이 표준적인 방식.

4. 포켓의 입구에 먼저 뚫어둔 '지퍼 붙이는 선'을 바느질하고, 지퍼를 고정한다.

# 제작순서 Assembly

【 본체와 포켓을 조립한다 】

1 '지퍼 바느질 선' 의 바느질 구멍을 뚫은 쪽의 '본체' 에 '지퍼 붙이는 선' 을 표시하고 그 선에 맞춰 지퍼의 끝을 '본체'에 붙인다. 이때, '본체'에 '센터'표시를 하고, 지퍼의 센터와 맞추면서 가죽 좌우 테두리도 일치하는지 체크한다.

2 '본체'에 미리 뚫어 둔 '지퍼 바느질 선'의 바느질 구멍대로 바느질하고, 지퍼를 고정한다.

3 나머지 지퍼도 먼저 동일하게 끝을 접어서 처리하고, 겉의 양 사이드에 2mm 폭의 양면 테이프를 붙인다.

4 '본체' (포켓을 다는 쪽과 다른 쪽 2장 모두)의 입구에 패턴과 동일하게 센터를 표시한다. 또한 안쪽에 '입구 지퍼 붙이는 위치' 의 선을 표시한다. 지퍼에도 자로 재어서 센터 표시를 한다.

5 지퍼의 양 사이드에 본체를 붙인다. 이때 센터 표시를 맞추고 안쪽의 '입구 지퍼 붙이는 선' 에 맞춰서 붙인다. 겉에서 봤을 때 지퍼의 양 사이드의 간격이 균등한지도 체크한다. 어긋나있다면 수정한다. 또한 지퍼가 열리는 방향은 포켓과 동일하도록 맞춘다.

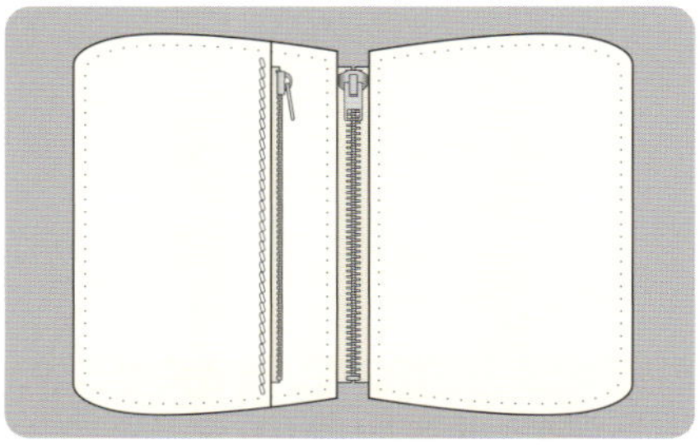

6 '본체' 의 '입구 지퍼 바느질 선' 을 바느질하고 지퍼를 고정한다.

7 지퍼를 열어둔 채, 가죽이 가운데로 가도록 본체를 접는다.

8 '본체' 와 '지퍼' 의 '본체 바느질 선' 의 바느질 구멍의 개수를 끝에서부터 세어가면서 바느질한다. '포켓'의 부분은 3장의 가죽을 동시에 바느질하기 때문에 구멍이 확실히 맞는지 확인해가면서 진행한다.

9 바느질이 끝났다면 본체를 겉으로 뒤집고 형태를 만든다.

완성!

## Point 포인트

본체의 양 사이드에 포켓을 달고, 트리플 지퍼로 만들 수도 있습니다. 이때는 포켓 파츠를 1장 더 만들고, 10cm 지퍼를 1개 더 준비하면 됩니다.

mini pochette

# 미니 포셰트

자석 단추로 고정하는 뚜껑과 봉긋하게 올라오는 옆판.
클래식 백이 될 수도 있는 탈착식 숄더 벨트.
심플하고 사용성이 좋은 포셰트를 만들어봅시다.
늘 가지고 다니는 물건들을 넣기 좋은 디자인입니다.

앞판의 꼭지점을 구부린 후 바느질해서 옆판을 만들었습니다. 스티치가 보이기 때문에 좋아하는 색을 사용해서 포인트를 줍시다. 숄더 벨트는 개고리를 달아 탈착식으로 만들었습니다. 다는 구멍은 아일렛을 박아서 내구성을 높였습니다. 뚜껑은 자석 단추로 고정해서 여닫기 편리합니다.

## 패 턴 Pattern

※ 패턴은 책 마지막의 삽지 앞면에 수록하였습니다.

**추가로 필요한 재료**

- 자석 단추 M-7 18mm 1세트
- 가죽 끈 5mm 폭 1.5미터 정도
- 개고리 AN-1 〈8mm〉 2개

## 제작순서 Assembly

【 재단하고 구멍을 뚫는다 】

1. '뒷판', '앞판', '자석 받침'을 패턴 대로 잘라낸다.
2. '앞판' 아래의 V자 다트 컷 끝에 12호(3.5mm) 원형펀치로 구멍을 뚫는다. 원형펀치 사이즈는 약간 오차가 있어도 된다.
3. 각 파츠에 있는 ' 바느질 선 C·D' 의 표시를 하고 그 위치에 바느질 구멍을 뚫는다. 구멍 간격은 4mm로 설정했으므로 같은 간격의 목타가 있다면 편하게 구멍을 뚫을 수 있다. 목타가 없는 경우는 작은 원형 펀치나 마름 송곳 등으로 구멍을 뚫어도 된다.
4. '앞판' 의 절개선 양쪽에 있는 '바느질 선 A·B' 도 동일하게 표시하고 바느질 구멍을 뚫는다. 이것은 감침질용 바느질 선이기 때문에 사선 목타나 다이아몬드 목타가 아닌, 원형 펀치 1.2mm 등으로 동그란 구멍을 뚫는 것이 좋다.

【 아일렛과 자석 단추를 단다 】

1. '뒷판' 의 '아일렛 #500 다는 위치(2곳)'을 가죽에 표시하고, 해당 위치에 원형 펀치 20호(6.0mm)로 구멍을 뚫는다.
2. 구멍에 아일렛을 세트하고 고정한다.

**Point 포인트**

금속장식 '아일렛' 을 달 때는 구멍을 뚫는 원형 펀치, 아일렛 전용 세터(봉), 종발이 필요합니다. 세터와 종발이 한 세트인 '아일렛 공구 세트' 도 있습니다. 이 책 p.162를 참고하세요.

세트가 없는 경우는 구멍을 조금 작게 뚫고, 개고리를 아일렛 없이 가죽에 직접 달 수도 있습니다만 내구성이 떨어집니다. 아일렛은 다양한 작품에서 응용할 수 있으니 구입해두는 것을 추천합니다.

3. '앞판' 과 '자석 받침' 에 기재된 '자석 단추 다는 위치' 의 표시를 가죽에 표시한다. 총 4곳이다.
4. 세로로 표시를 맞추듯이 선을 긋고 그 선대로 커터 등으로 칼집을 넣는다.
5. 칼집에 자석 단추 안쪽 발톱을 끼운다. 칼집이 좁다면 조금씩 더 넣어서 넓이를 딱 맞춘다.
6. 자석 단추 중 홈이 있는 쪽(두꺼운 쪽)을 '앞판' 에 단다. '자석 받침' 에는 돌기가 있는(얇은) 쪽을 단다. 다는 방법은 p.34을 참고한다.

【 뒷판에 자석 받침을 단다 】

1. '자석 받침' 의 가운데를 접고, '뒷판' 의 '자석 받침 다는 위치' 를 겹친다. 이때 '자석 단추' 가 뒷판 안쪽에 가도록 한다.
2. '바느질 선 C' 의 바느질 구멍이 딱 맞도록 눌러가면서 가죽 3장을 동시에 꿰매서 자석 받침을 고정한다.

【 앞판의 절개선을 닫는다 】

1. '앞판' 아래에 있는 절개선을 따라 테두리를 모으듯이 닫는다.
2. 절개선 양쪽의 '바느질 선 A·B'를 끝에서 안쪽을 향해서 실로 감침질한다. 감침질 방법은 p.86을 참고한다.

【 앞판과 뒷판을 조립한다 】

1. ‘앞판’ 을 ‘뒷판’ 의 ‘앞판 붙이는 위치’ 에 맞춰서 겹치고 양 파츠의 ‘바느질 선 D’를 맞춘다.
2. 뒷판쪽 바느질 선의 한쪽 끝 구멍에 앞판의 입구가 나란히 놓이므로, 입구에서 감침질을 시작한다. 마지막(반대쪽)도 입구를 감침질하면서 반대로 바느질해서 바느질을 끝낸다.

**Point 포인트**

앞판의 꼭지점 부분은 다트 칼집을 잘 모아서 바느질할 수 있도록 구멍 위치가 설계되어 있습니다. 위차가 가까우니 구멍을 뚫을 때 깨끗하게 작업하도록 주의합니다. 또한 이 부분을 바느질할 때는 바느질 부위가 접히면서 입체적인 형태가 됩니다. 형태를 만들어가면서 진행합시다.

3. 뚜껑을 닫고, 자석 단추가 잘 닫히는지를 체크하면 본체가 완성된다.

【 숄더 벨트를 만든다 】

1. 가죽 끈의 끝에 아래의 그림처럼 표시하고 ‘바느질 선’ 부분에 바느질 구멍을 뚫는다.

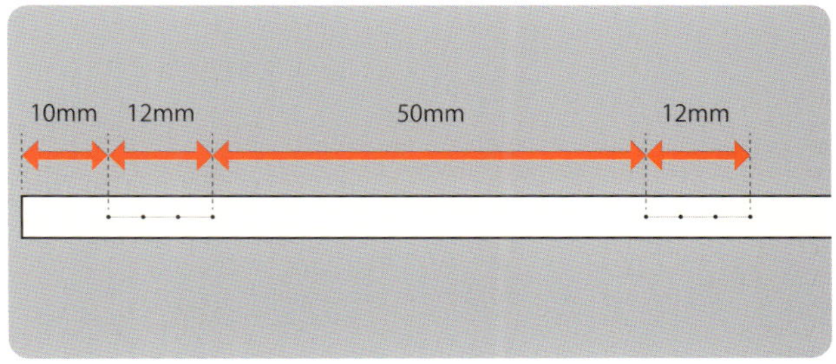


2. 가죽 끈을 개고리의 구멍에 통과시켜 접고, 두 곳의 바느질 선을 맞춰 바느질한다.

3. 가죽 끈의 반대쪽도 동일하게 개고리를 단다.

**완성!**

**Point 포인트**

숄더 벨트의 길이는 사람의 신장에 따라 다르지만 보통 120~150cm 정도가 좋습니다. 150cm로 만든 후 실제 키에 맞춰 조절해서 사용합시다.

Tools and materials

# 패턴과 제작법

이 책의 작품을 만들 때 사용하는 도구와 재료를 소개합니다. 오리지널 작품을 만들 때 개성을 돋보이게 해주는 다양한 종류와 사이즈의 도구와 재료를 카탈로그 형식으로 만들었습니다.

# 추천 가죽 Leather

주로 사용되는 가죽은 SEIWA에서 판매하는 '누메로' 또는 '오일 레더' 가죽입니다. 아이템이나 파츠에 따라 피할해서 사용합니다. 가죽 끈은 베지터블, 크롬 가죽 둘 다 사용하고 있습니다. 제품의 사용 목적이나 완성되었을 때의 형태에 따라 골라서 사용하면 됩니다.

※ **역자 주 :** 가죽과 부자재는 모두 일본 시판품입니다. 국내에서 유통되는 제품과는 차이가 있으니 구입하신 제품은 반드시 실측하신 후 사용해 주세요.

### 가죽 고르는 방법

가죽은 크게 나누어서 '탄닌 무두질' 과 '크롬 무두질' 가죽으로 구분할 수 있습니다. 가죽을 고르는 방법은 여러 요소가 있기 때문에 절대적인 분류법은 아니지만, 무두질 방법에 따라 가죽을 분류하면 실패 확률이 줄어듭니다. 이 책에서 소개하는 손바느질 가죽공예에서는 탄닌 무두질했거나, 크롬 무두질한 가죽에 탄닌을 입힌 콤비네이션 무두질 가죽을 사용합니다. 좀더 장력이 있고 밖에 드러나는 단면을 광택낼 수 있기 때문입니다. 두께는 1.0~2.0mm 정도를 사용합니다. 이것보다 얇으면 가죽에 힘이 없고 테두리도 얇아집니다. 더 두꺼우면 딱딱해서 형태를 만들기 어렵습니다. 파츠에 따라 두께를 조절하며 깔끔하게 만들 수 있도록 이 책을 참고합시다.

## 누메로

탄닌 무두질한 베지터블 가죽. 차분한 광택과 자연스러운 주름이 아름다운 가죽으로, 가죽의 내츄럴함이 잘 드러난다. 베지터블 가죽이어서 단면을 마감할 때 광택을 낼 수 있다. 두께는 1.6mm로, 부분 피할해서 사용하면 아이템의 완성도가 올라간다. 총 8색.

## 오일레더

오일을 풍부하게 머금어서 촉감이 좋은 탄닌 무두질 가죽. 감촉도 좋고 사용할수록 윤기가 생기기 때문에 에이징을 즐길 수 있다. 두께는 1.6mm으로 작품에 맞춰 피할해서 두께를 조절해서 사용한다.

## 보노 레이스

탄닌 무두질한 가죽으로 만들어진 2.2mm 두께의 소가죽 끈. 본판은 물론 테두리까지 염색했기 때문에 테두리 마감을 하지 않고 그대로 사용할 수 있는 것이 특징이다. 폭은 5mm, 8mm, 10mm 3 종류. 색은 내츄럴, 카멜, 레드, 블랙, 그린의 5색. 실패에 감아서 파는 옅은 그린, 짙은 그린, 벽돌색, 감색도 있다.

## 브나르 레이스

약 2mm 두께의 크롬 가죽으로 만들어진 부드러우면서 질긴 가죽 끈. 겉은 매트하게 마감되어 있지만 사용할수록 광택이 난다. 15mm와 30mm 2종류가 있다. 이 책에서는 15mm를 사용한다. 색은 블랙과 그린 2종류.

## 원통형 레이스

단면을 동그랗게 성형한 탄성 있는 가죽 끈. 직경은 ∅1.0/1.5/2.0/4.0mm 로 다양하게 구비되어 있다. 어떤 가죽과도 잘 어울려서 응용하기 쉬운 것이 특징. 이 책 'ID 케이스' 에서는 ∅1.0mm와 ∅2.0mm를 사용했다.

## 텍션

종이 섬유에 수지 처리를 한 심재. 장력이 있어 가죽이 부드럽거나 가방이나 파우치 등 본체가 단단해야 할 때 붙여서 사용한다. 두께는 0.45mm, 0.6mm, 0.9mm 3종류가 있다. 작품 두께에 따라 맞춰서 사용한다.

# 금속장식 도감 Metal Parts

이 책에서 사용되는 금속장식의 컬러와 사이즈를 소개합니다. 같은 아이템이어도 색에 따라 분위기가 따르기 때문에 여러 종류를 시험해보고 연구하세요. 기재한 수치는 금속장식에 따라 내경과 외경으로 다르게 표시하기 때문에 주의해서 골라야 합니다.

### 금속장식 컬러 표기

N:니켈 G:도금 B:브론즈 BN:브론즈 니켈 AT:앤틱 니켈
BL:흑니켈 BZ:브론즈 니켈 DG:대용금

### ■ D링

10 / 12 / 16 / 18 / 21 / 24 / 30 / 40mm

※ 수치는 내경

### ■ 원형 링

12 / 15 / 18 / 21 / 24 / 30 / 40mm

※ 수치는 내경

### ■ 사각 링

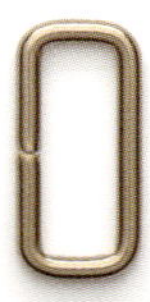

12 / 15 / 18 / 21 / 24 / 30 / 40mm

※ 수치는 내경

### ■ 타원 링

15 / 18 / 21 / 24 / 30mm

※ 수치는 내경

### ■ 솔트리지

①극소 ............ 5mm
②중 ............ 7mm
③대 ............ 10mm

※ 수치는 머리의 내경

### ■ 리벳

①작은 리벳 양면 짧은 발 6×7.3mm
②작은 리벳 양면 긴 발 6×8.3mm
③큰 리벳 양면 짧은 발 … 9×9mm
④큰 리벳 양면 긴 발 … 9×11mm

※수치는 외경×높이

## 스프링도트

- No.2 소 ············ 11.5 ×4.5mm
- No.5 대 ············ 12.6×5.8mm
- 8050 특대 ············ 15×5.6mm

※수치는 외경×높이

## 링도트

- 7060 소 ············ 12.6×7×6mm
- 7050 대 ············ 15×8.3×7mm

※수치는 외경×머리 높이×다리 길이

## 비죠

12 / 15 / 18 / 21 / 24 / 30 / 40mm

※ 수치는 내경

## 샤클/ S고리 / 열쇠고리

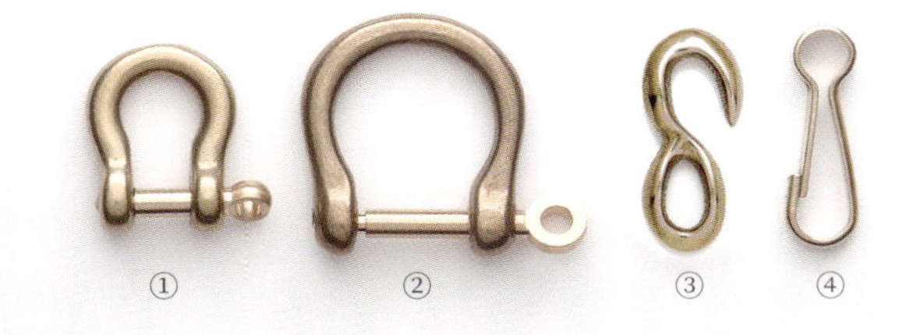

①샤클 S ············ 7mm
②샤클 M ············ 14mm
③S고리 ············ 5mm
④열쇠고리 ············ 6mm

※ 수치는 내경

## 비즈

①원통 ············ 5×6mm
②라운드 ············ 5×5mm
③오발 ············ 5×12mm

※수치는 외경×높이

## 이중 링

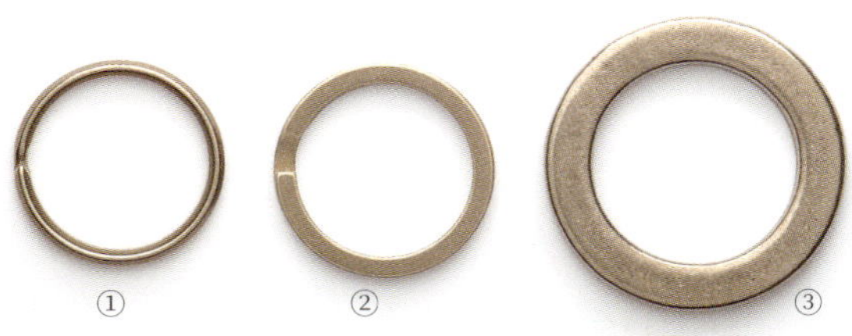

①이중 링 ············ 16 / 20 / 25 / 33mm
②이중 링(납작 타입) ············ 20 / 25mm
③평평한 이중 링 ············ 25 / 30 / 40mm

※ 수치는 내경

## 비죠 버클

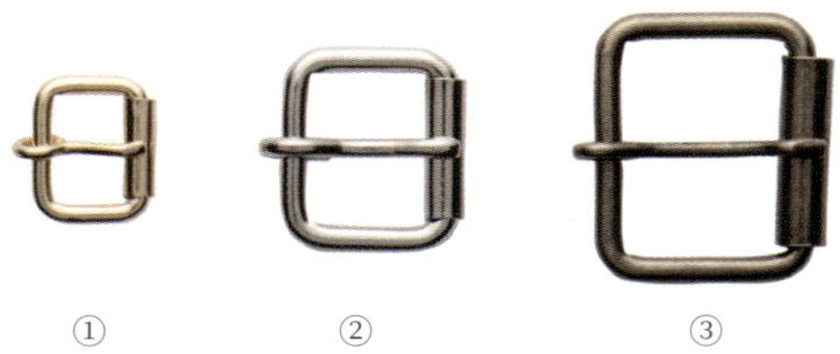


KB -1 ······ 12mm N / G / AT
①KB -2 ······ 15mm N / G / AT
KB -3 ······ 18mm N / G / AT
②KB -4 ······ 21mm N / G / AT
KB-5 ······ 24mm N / G / AT
③KB-6 ······ 30mm N / G / AT

※ 수치는 내경

## 비죠

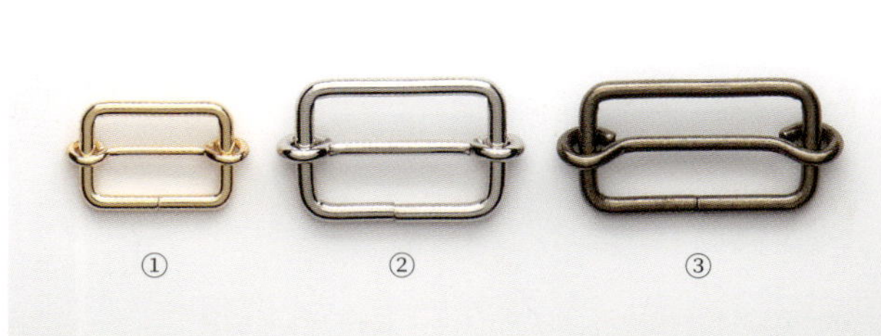


SK-2······ 15mm N / G / B / AT
①SK-3······ 18mm N / G / B / AT
SK-4······ 21mm N / G / B / AT
②SK-5······ 24mm N / G / B / AT
③SK-6······ 30mm N / G / B / AT
SK-7······ 40mm N / G / B / AT

※ 수치는 내경

## D링

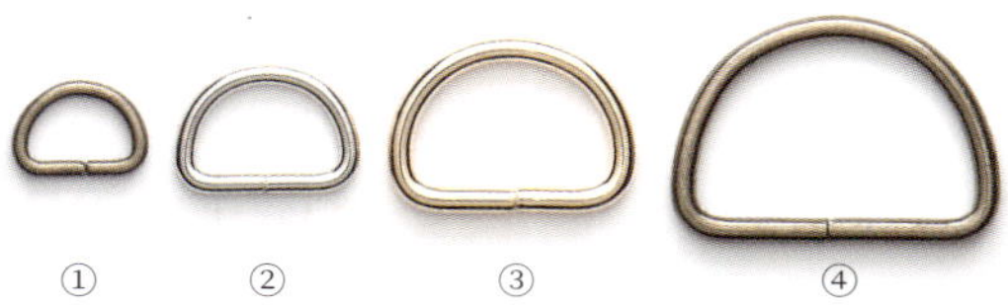


①DK-1 ···10mm N / G / B / AT
DK-2 ···12mm N / G / B / AT
②DK-3 ·········15mm N / G / AT
DK-3 ······················ 16mm B
DK-4 18mm N / G / B / AT
③DK-5 ···21mm N / G / B / AT
DK-6 ···24mm N / G / B / AT
④DK-7 30mm N / G / B / AT
DK-8 40mm N / G / B / AT

※ 수치는 내경

## 사각링

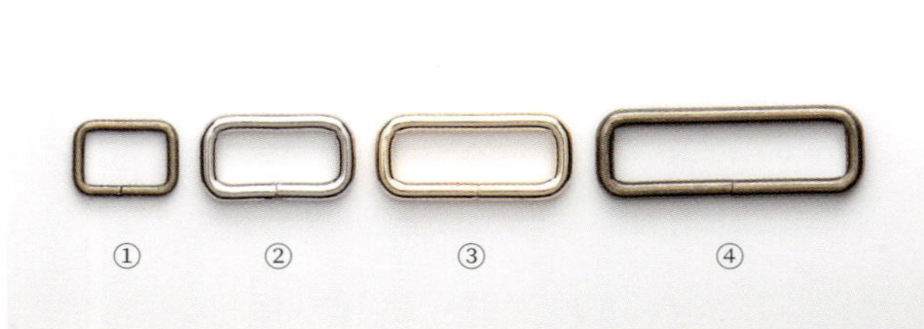


①K-1 ······ 12mm N / G / B / AT
K-2 ······ 15mm N / G / B / AT
②K-3 ······ 18mm N / G / B / AT
K-4 ······ 21mm N / G / B / AT
③K-5 ······ 24mm N / G / B / AT
K-6 ········· 30mm N / B / AT
④K-7 ····················35mm N / AT
K-8 ········· 40mm N / B / AT

※ 수치는 내경

## 지퍼

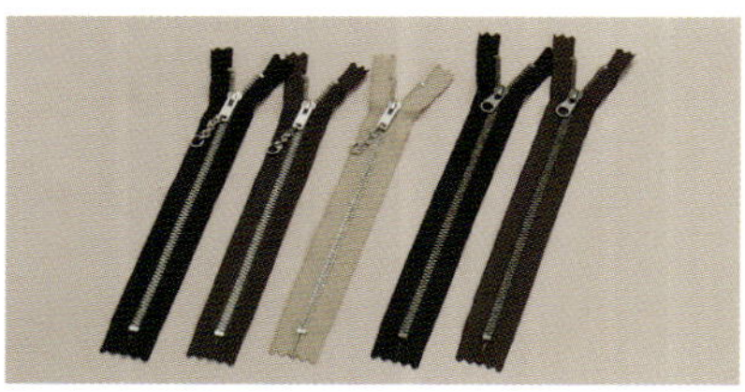

| 호수 | 길이(이빨) | 이빨 색 | 테이프 색 |
|---|---|---|---|
| 3호 | 10cm | N | 블랙 / 짙은 녹색 / 베이지 |
| | | AT | 블랙 / 짙은 녹색 |
| | 12cm | N | 블랙 / 짙은 녹색 / 베이지 |
| | 15cm | N | 블랙 / 짙은 녹색 / 베이지 |
| | | AT | 블랙 / 짙은 녹색 |
| | 18cm | N | 블랙 / 짙은 녹색 / 베이지 |
| | | AT | 블랙 / 짙은 녹색 |
| | 20cm | N | 블랙 / 짙은 녹색 / 베이지 |
| | | AT | 블랙 / 짙은 녹색 |
| 4호 | 45cm | N | 짙은 녹색 |

## 리벳

①극소 리벳 양면 짧은 발 ············4.6×5mm
G / N / AT / B / BL

②극소 리벳 양면 짧은 발 ············6×7.3mm
G / N / AT / B / BL

③작은 리벳 양면 긴 발 ············6×8.3mm
G / N / AT / B / BL

④큰 리벳 양면 짧은 발 ············9×9mm
G / N / AT / B / BL

⑤큰 리벳 양면 긴 발············9×10mm
G / N / AT / B / BL

⑥특대 리벳 양면 짧은 발 ········ 12.5×11mm
N / DG / AT / BL

⑦특대 리벳 양면 긴 발 ········ 12.5×13mm
N / DG / AT / BL

※수치는 외경×高さ

## 스프링도트

① No.2 소············11.5×4.5mm B / AT / DG / N
② No.5 대············12.6×5.6mm B / AT / DG / N
③ 8050 특대············15×5.6mm N / AT
④ 프림 스프링도트 ············8.8×4mm N / AT

※수치는 외경×높이

## 링도트

① 7070 극소············10×6×5mm BN / B
② 7201 소소············13×6×5mm BN / B
③ 7060 소 ············12.6×7×6mm B / AT / DG / N / BL
④ 7050 대 ············15×8.3×7mm B / AT / DG / N / BL
대 足長············15×11.5×11mm N / AT

## 이중링

NR-1········10mm N / G / AT
NR-3········15mm N / G / AT
NR-5········21mm N / G / AT

※ 수치는 내경
※색상은 왼쪽부터 AT/N/G

## 자석 단추

M-4 ············8mm
M-5 ············12mm
M-6 ············14mm
M-7 ············18mm
N / G / AT

## 아일렛

①아일렛 No.3×4 ········ 3×4×5mm BN / AT / B
②아일렛 No.200 ········ 4.1×4.5×7.7mm BN / AT / B
③아일렛 No.300 ········ 5×5×9mm G / BN / AT / B
④아일렛 No.500 ········ 6.9×6×11.5mm G / BN / AT / B
⑤아일렛 No.23 ········ 9.5×6×16mm G / BN / AT / B
⑥아일렛 No.25 ········ 9.5×7×19mm G / BN / AT / B
⑦아일렛 No.28 ········ 12.5×8×25mm BN / AT / B
⑧아일렛 No.30 ········ 15.5×9×28mm BN / AT / B
※수치는 외경×머리 높이×테두리 직경

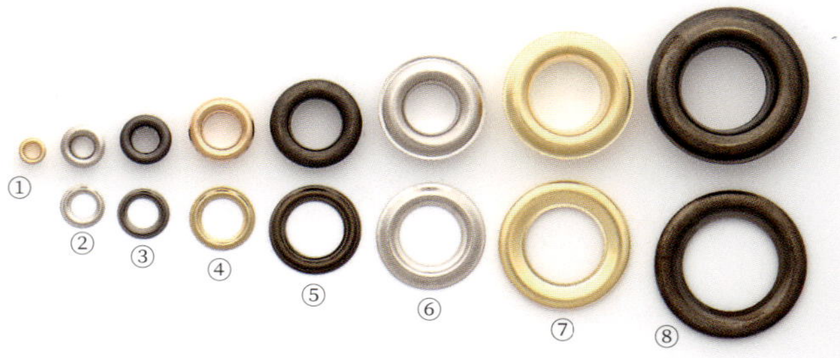


## 히든 캡

히든 캡 소 9mm / N
히든 캡 대 11mm / N

## 나사

짧은 타입 ··· 9×6mm N
긴 타입 ··· 9×10mm N

※ 수치는 내경

## 버클

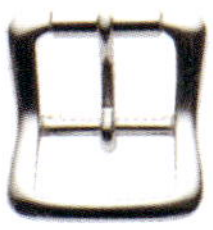
B-1(21mm) N

B-2(24mm) N

B-3(30mm) N

B-5(15mm) B / BN

B-5(20 / 25mm) B / BN

B-6(40mm) B / BN

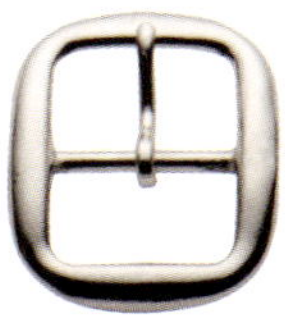
B-7(40mm) B / BN

B-13
(30 / 35 / 40mm)
B / BN

B-14(15 / 20mm)
B / BN

B-18
(30 / 35mm) B / BN

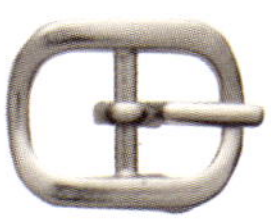
B-19(8 / 10mm) N

B-20(25mm) B / BN

B-24(10mm) N
B-25(12mm) N / AT

## 개고리

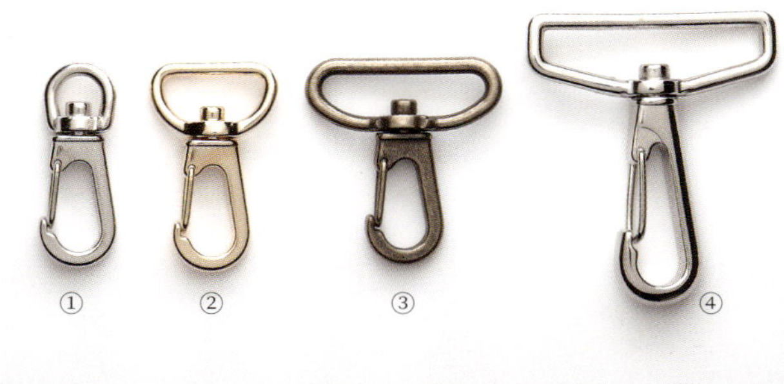

| | | |
|---|---|---|
| ①AN-1 | 8mm | N / AT / G |
| AN-2 | 12mm | N / AT / G |
| AN-3 | 15mm | N / AT / G |
| ②AN-4 | 18mm | N / AT / G |
| AN-5 | 21mm | N / AT / G |
| ③AN-6 | 30mm | N / AT / G |
| ④AN-7 | 40mm | N / AT / G |

※ 수치는 내경

## P자 개고리

TN-1 内径 ············8mm N / G / AT

## 열쇠고리

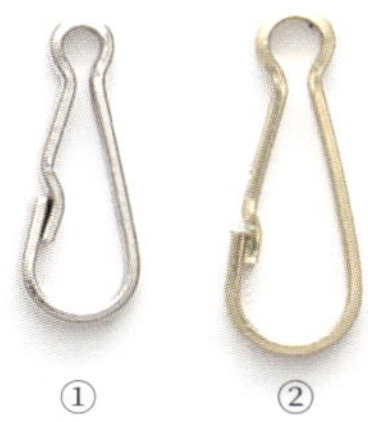

①소 ························ 20mm N / BZ
②대 ························ 23mm N / BZ

※ 수치는 내경

## 레버형 개고리

9mm N / AT
15mm N / AT
17mm N / AT

※ 수치는 내경

## 키 홀더

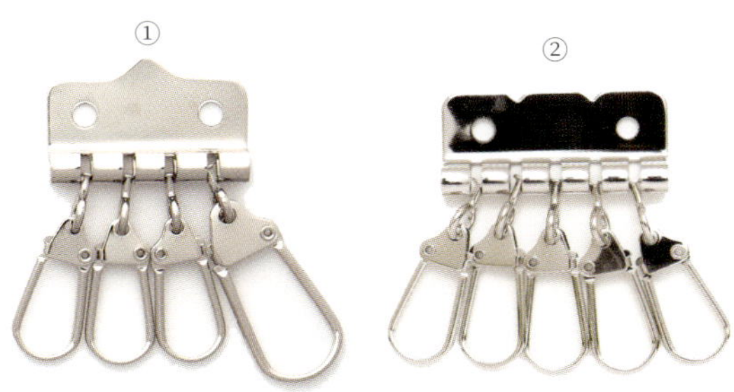

| | | |
|---|---|---|
| 키 홀더 3개 타입 | 30×45mm | N/N리벳 |
| ①키 홀더 4개 타입 | 33×58mm | N/N리벳 |
| ②키 홀더 5개 타입 | 33×58mm | N/N리벳 |

※스치와 폭×길이

# 도구 리스트 Tools

이 책의 작업에서 등장하는 도구, 또는 추천하는 도구를 소개합니다. 가지고 있지 않은 도구가 많거나 도구에 대해 잘 모르는 경우 이 리스트를 참고해서 구비합시다. 용도와 사용법을 간단히 설명하고 있습니다만, 자세히 알고 싶은 분은 p.172에 소개한 다른 도서들을 읽어보며 도구 사용법을 숙지해봅시다.

## NT스몰 렛서

단면을 다듬어 모양을 잡기 위한 줄. 쥐기 쉽고 끝이 얇아서 넓은 범위부터 좁은 범위까지 쓰기 좋다. 가는 줄과 중간 줄 두 종류가 있다.

## 아일렛 공구 세트

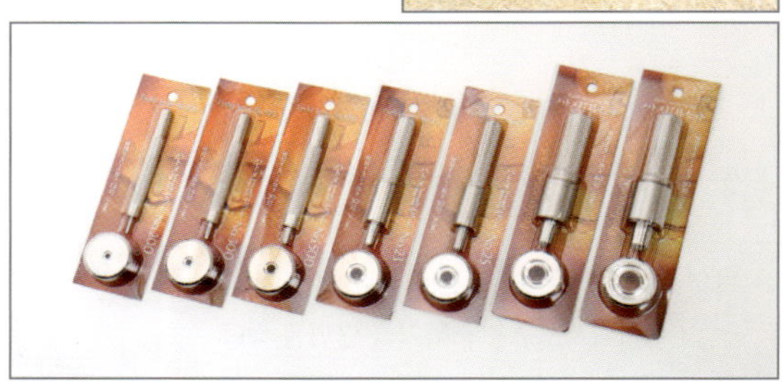

아일렛을 달기 위한 전용 도구. 종발 위에 금속장식을 올려놓고 위에서 봉으로 때려서 고정한다. 아일렛 사이즈 별로 공구 크기도 달라진다.

## 원형 송곳 S

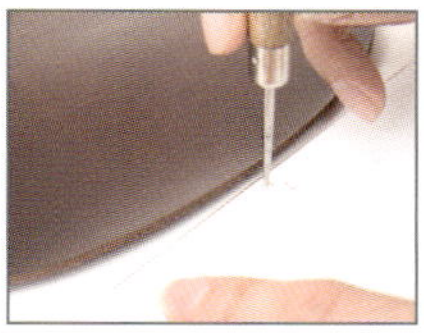

손바닥 사이즈로 쓰기 편한 도구. 가죽 표면에 선을 긋거나 점을 표시하거나, 작은 원형 구멍을 낼 때 사용한다.

## 마름 송곳

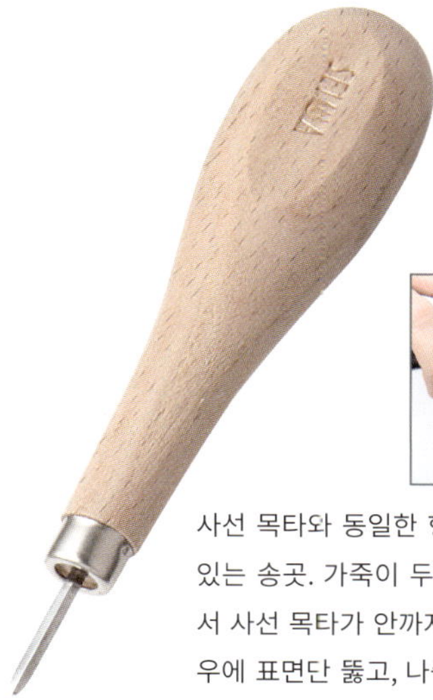

사선 목타와 동일한 형태의 구멍을 뚫을 수 있는 송곳. 가죽이 두껍거나 두장을 맞붙여서 사선 목타가 안까지 구멍을 뚫지 못한 경우에 표면단 뚫고, 나중에 마름 송곳을 사용해서 관통한다. 목타 사이즈에 맞춰서 구비하도록 한다.

## 마감용 송곳

원형 송곳과 비슷한 모양이지만 뾰족한 끝이 더 두껍다. 큰 구멍을 뚫거나 단면을 다듬을 때 쓴다.

## 은펜

가죽 표면에 은색으로 선을 그어서 표시하는 가죽 전용 펜. 송곳으로 그은 선이 표시나지 않거나 너무 부드러워서 선이 그어지지 않는 경우 사용한다. 송곳보다 선이 굵게 그어지므로 오차에 주의한다.

## 디바이더(가죽전용 콤파스)

사이드에 있는 단추를 돌리면 다리 간격을 조절할 수 있다. 다리는 고정되어 있으므로 임의의폭을 세트하면 같은 간격으로 선을 긋거나 측정할 수 있다. 테두리에서 일정한 폭으로 선을 그을 때 자주 쓰인다.

## 크리저

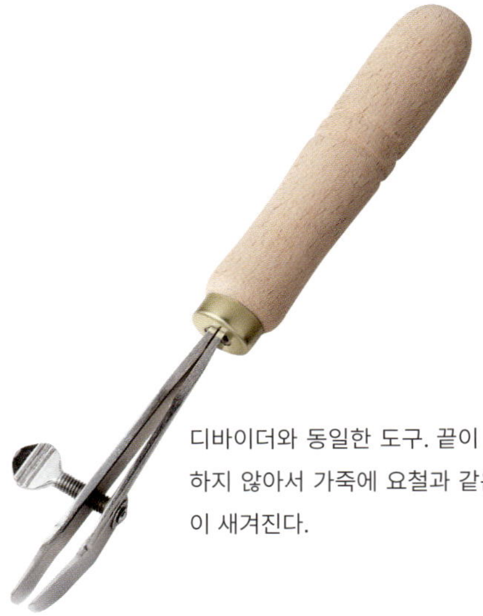

디바이더와 동일한 도구. 끝이 뾰족하지 않아서 가죽에 요철과 같은 선이 새겨진다.

## 사선 목타

가죽에 바느질 구멍을 뚫는 도구. 구멍 간격(핀치)는 브랜드에 따라 다양하다. 이 책에서는 손바느질의 분위기와 밸런스를 맞추기 위해 4mm를 쓰고 있다. 최소한 2날, 6날 종류는 구비해두어야 다양한 용도에 사용할 수 있다.

## 양면 테이프

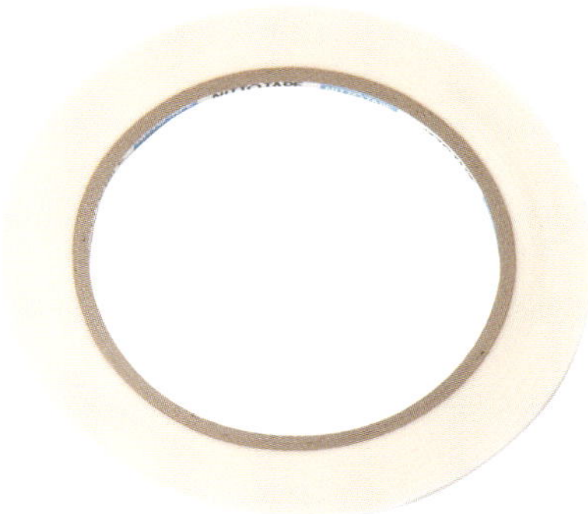

임시로 고정하기 위해 사용하는 테이프. 접착력이 강하므로 여러 차례 수정해가며 붙일 수 있다. 지퍼와 가죽을 맞붙일 때 편리하다. 폭은 2mm, 3mm, 5mm가 있다.

## 고무 접착제

가죽을 붙일 때 쓰는 스탠다드한 접착제. 마른 후에는 부드러운 고무처럼 되어 가죽의 움직임을 방해하지 않는 것이 특징이다. 휘발성이기 때문에 화기에 주의한다.

## 가죽용 본드(흰 본드)

목공용 본드와 동일한 성질의 접착제. 건조된 후에는 비닐처럼 단단해져서 가죽의 장력을 죺여준다. 점도가 강한 타입, 약한 타입 두 종류가 있다.

## 롤러

맞붙인 가죽은 확실히 압력을 주어 밀착하게 해주어야 접착력이 발휘된다. 가죽 표면에 상처가 나지 않도록 롤러 타입으로 압착해주는 도구. 그 외에도 가죽을 접을 부분에 확실히 자국을 내는 용도로도 쓰인다.

## 슬리커

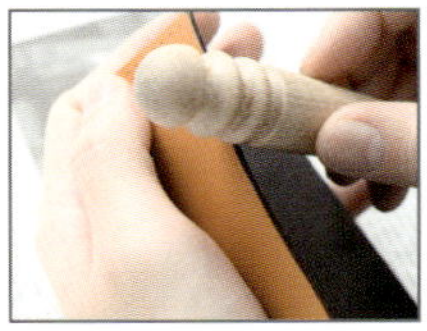

옆면의 홈으로 가죽 테두리를 문지르면 간단하게 돔 형태로 마감할 수 있다. 가죽의 표면을 문지르거나 자국을 낼 때도 쓸 수 있는 올 마이티 도구.

## 유리 판

가죽을 사선 피할하거나 칼이 걸리지 않게 까는 유리판. 가장자리 모서리는 매끄럽게 연마되어 있기 때문에 가죽을 평평하게 만드는 작업에도 쓸 수 있다.

## 토코놀

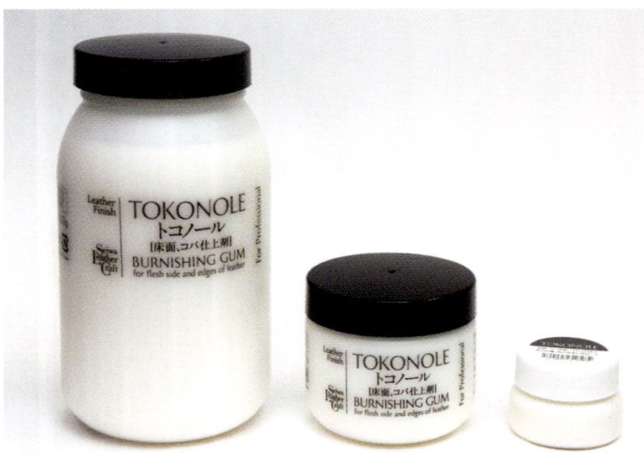


테두리나 가죽 뒷면을 다듬을 때 쓰는 전용 마감제. 가죽털을 적당하게 눕히고 광택을 만들어준다. 슬리커나 천에 발라서 사용한다.

## 고무 접착제 용해제

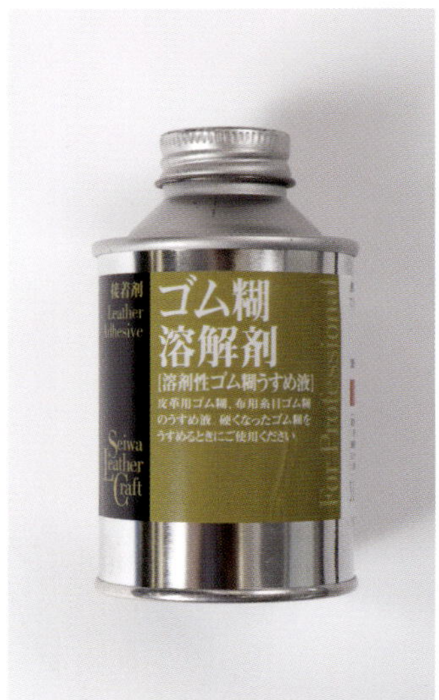


굳어서 딱딱해진 고무 접착제를 부드럽게 만들어주고, 재활용할 수 있게 해준다. 굳기에 따라 적당히 섞어서 하룻밤 놔둔 후 사용하면 된다.

## 나무 망치/몰렛

목타나 단추, 아일렛 등을 때리는 용도의 해머. 나무망치 쪽이 길고, 그립 뒤쪽을 잡으면 박는 힘이 강해진다. 몰렛은 컴팩트하여 여성도 다루기 쉽고 무게가 균형잡혀 있어 섬세하게 힘을 조절할 수 있다.

## 손바늘용 바늘/스티칭 포니

손바느질을 하기 위해 필수품인 가죽 바늘과 바느질 할 때 작품을 고정하는 스티칭 포니. 바느질은 미리 뚫어놓은 구멍 외의 구멍을 뚫어버리지 않기 위해 끝이 뾰족하지 않다.

## 원형 펀치

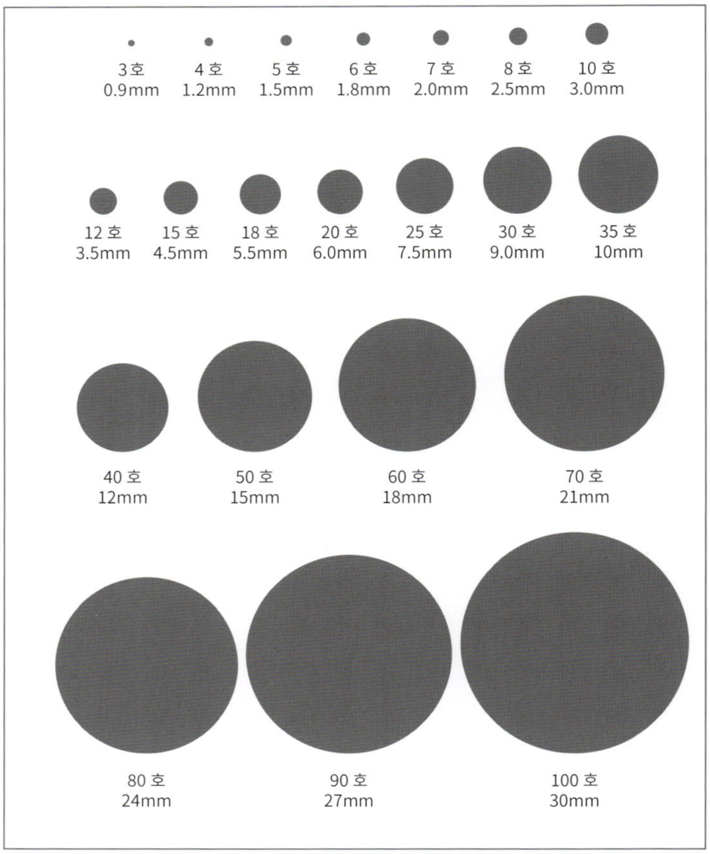


원형 펀치는 다양한 금속장식을 달기 위해 구멍을 뚫을 때 필요하다. 끝에 달린 날을 가죽에 대고 나무 망치 등으로 위를 때려서 구멍을 낸다. 큰 사이즈일수록 힘이 필요하지만, 무리하게 치지 말고 여러차례 나눠서 때리는 편이 좋다. 또한 작은 사이즈는 너무 세게 때리면 구멍이 커지니 힘을 가감하여 주의하며 뚫는다.

| 금속장식 사이즈 | 원형펀치 사이즈 |
|---|---|
| 리벳 극소 | 6호 (1.8mm) |
| 리벳 소 | 7호 (2.0mm) |
| 리벳 대 | 8호 (2.5mm) |
| 리벳 특대 | 10호 (3.0mm) |
| 스프링도트 No.2 소 | 凸 8호 (2.5mm) / 凹15호 (4.5mm) |
| 스프링도트 No.5 대 | 凸 10호 (3.0mm) / 凹18호 (5.5mm) |
| 스프링도트 8050 특대 | 凸 15호 (4.5mm) / 凹25호 (7.5mm) |
| 프림 스프링도트 | 凸 8호 (2.5mm) / 凹12호 (3.5mm) |
| 링도트 7060 소 | 凹凸10호 (3.0mm) |
| 링도트 7050 대 | 凹凸12호 (3.5mm) |
| 링도트 7201 소소 | 凹凸8호 (2.5mm) |
| 링도트 7070 극소 | 凹凸8호 (2.5mm) |

## 스프링도트 공구/링도트 공구/아일렛 공구/종발

단추나 아일렛 등 공구를 달기 위한 전용 공구 세트. 금속장식 종류, 사이즈, 형태에 따라 필요한 도구가 다르기 때문에 주의해서 골라야 한다. 종발은 때릴 때 받치는 용도이기 때문에 금속의 동근 부분이 찌그러지지 않도록 움푹 패여 있다.

## 커터/가죽칼/구두칼

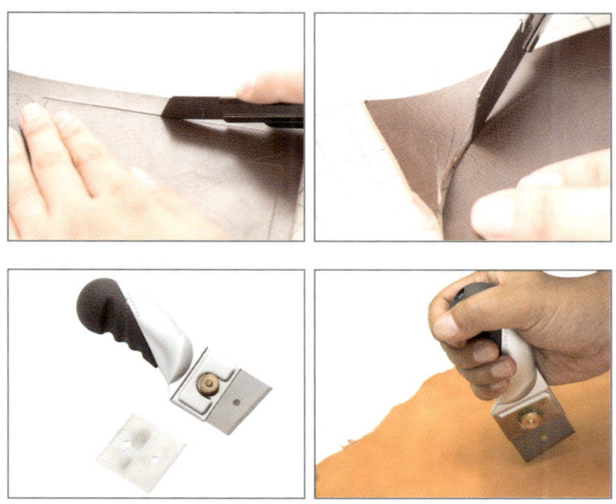

가죽을 자르기 위한 도구 3종류. 초보자는 커터(사진 왼쪽)을 쓰는 것이 좋다. 직선은 자를 대고 간단히 자를 수 있고, 커브를 자를 때도 좋다. 날을 갈 필요가 없어서 편리하다. 구두칼(사진 오른쪽)은 가죽 전용 칼로 주기적으로 날을 갈아주어야 한다. 가운데의 가죽칼은 커터와 구두칼의 특성을 동시에 갖춘 도구이다.

## 미니 우드슬리커

최고급 소재인 아프리칸 블랙우드를 사용한 컴팩트한 단면 마감용 툴. 연마용 홈이 2종류 파여 있어서 다양한 사이즈에 사용할 수 있다.

## Craft Scissors 재단용 가위

절삭력이 좋으며 뚜껑에는 초경합금 텅스텐 날 연마가 붙어 있어 날을 갈 수 있다. 칼 끝에는 톱니날이 달려 있어 미끄러지는 가죽은 끼워서 재단할 수 있다.

## 손바느질 실

손바느질에 사용되는 실은 아마실과 폴리실이 있다. 브랜드에 따라 질감이나 컬러 바리에이션이 다르기 때문에 자신이 생각하는 이미지에 가까운 것을 찾아보자. 이 책에는 5종류의 실을 메인으로 사용한다. 4mm 폭 목타와 잘 맞고 손바느질 느낌이 나면서도 섬세함을 유지하고 있다.

에스코트사 얇은 실/중간 실

스무스 얇은 실/두꺼운 실
슈퍼 스무스

왁스(손바느질용)

앤티크 시뉴

더블 로 실

| 실 종류 | 길이 | 두께 | 컬러 |
|---|---|---|---|
| 에스코트 (가는 실) | 30m | 약 0.6mm | 내츄럴 / 베이지 / 블랙 / 짙은 녹색 / 녹색 / 감색 / 자주 |
| 에스코트 (중간 실) | 30m | 약 0.8mm | |
| 스무스 실 (가는 실) | 10m / 100m | 약 0.8mm | 화이트 / 블랙 / 짙은 녹색 / 녹색 / 베이지 |
| 스무스 실 (두꺼운 실) | 10m | 약 1.0mm | 블랙 / 짙은 녹색 / 녹색 / 베이지 |
| 슈퍼 스무스 실 | 10m | 약 0.6mm | 화이트 / 블랙 / 녹색 |
| 터블 로 실 5번 | 25m | 약 0.5mm | 블랙 / 짙은 녹색 / 회색 / 베이지 / 화이트 / 보라 / 블루 / 초록 / 타코이즈 / 스카이 블루 / 녹색 / 노랑 / 오랜지 / 핑크 / 빨강 |
| 앤티크 시뉴(가는 실) | 약 365m | | 내츄럴 |

# 감수 SEIWA

SEIWA는 가죽공예 제품 종합 브랜드입니다. 다양한 제품을 판매하는 직영점을 기본으로 항상 트렌드를 느끼면서 새로운 기획을 제안하고 있습니다. 가죽공예인들의 바람, '있으면 좋겠다'고 생각하는 도구나 제품을 실제로 구현하여 다음 스텝까지 준비해드리고 있습니다. SEIWA의 활동, 이벤트, 신상품을 놓치지 마세요.

## ■ 아이템 디자인 및 제작

Kazuya Okada
**오카다 가즈야**

Haruki Shinogi
**시노기 하루키**

이 책에 나오는 작품의 패턴, 설계 및 제작은 SEIWA에서 프로덕트 플래너와 홍보를 담당하는 오카다씨, 영업을 담당하시는 시노기씨의 작품입니다. 풍부한 지식과 테크닉을 바탕으로 초보자도 만들기 쉬운 심플한 작품을 고안해주셨습니다.

## 다카노바바 점

SEIWA 다카노바바 점

도쿄도 신주쿠구 시노모오치아이 1쵸메 1번 1호

Tel 03-3364-2111

영업시간 10:00-17:00 휴일 일요일·공휴일·하계휴가·연말연시

URL https://seiwa-net.jp/

## 시부야 점

SEIWA 시부야 점

도쿄도 시부야구 우다가와쵸 12번 18호 도큐 핸즈

Tel 03-3464-5668

영업시간 10:00-21:00

휴일 연중무휴

## 하카타 점

SEIWA 하카타 점

후쿠오카현 후쿠오카시 하카타구 하카타주오마치 1-1 하카타시티 도큐 핸즈

Tel 092-413-5068

영업시간 10:00-20:00 (성수기는~21:00까지 연장 가능)

휴일 연중무휴

## SEIWA 레더 크래프트 스쿨

다카다노바바 점이 입점한 건물에 취미로 가죽공예를 시작하는 사람들을 위한 가죽공예 교실을 개최합니다. 초보자의 입문용 수업부터 베테랑의 스텝업 레슨까지, 실제로 사용되는 테크닉이나 지식을 폭넓게 배웁니다. 미싱, 피할기 사용법 등 프로를 위한 코스도 있습니다. 정기적으로 수업이 열리고 있으므로 관심 있다면 아래 사이트를 방문해보세요.

● 레더 크래프트 스쿨 URL https://www.seiwa-net.jp/

# 추천 도서 Books

## 혼자서 만들 수 있는 가죽공예 패턴집 24

2020년 7월 25일 발행
202×257mm 176쪽
ISBN 979-11-87939-41-2
28,000원

연령, 성별과 관계없이 사용할 수 있는 심플한 가죽공예 소품 24종류를 다루고 있습니다. 패턴과 함께 만드는 방법을 안내하고 있으며 복잡한 작업은 공정사진과 함께 자세하게 설명합니다. 패턴 그대로 만들 수도 있고, 사이즈를 조절해가며 어레인지 할 수도 있습니다. 손바느질 가죽공예에서 사용되는 클래식한 구조를 망라하고 있으므로 완전히 새로운 작품을 만들 때도 테크닉이나 구조를 참고할 수 있습니다.

### ITEM LIST

- 교통카드 지갑
- 노트 커버
- 트레이
- 키홀더
- 심플 키케이스
- 베이직 키케이스
- 종모양 키케이스
- 아웃스티치 동전지갑
- 인스티치 동전지갑
- 상자모양 동전지갑
- L자지퍼지갑
- 서류 봉투
- 접는 옆판 카드지갑
- 스플릿 옆판 카드지갑
- 넓은 옆판 필통
- 옆판 일체형 필통
- 통옆판 클러치
- 분할옆판 클러치
- 반려견 목걸이
- 리드
- 카메라 가방
- 넥 스트랩
- 여권지갑
- 두루마리 키트

## 가죽공예로 만드는 브랜드백

고급 브랜드 백을 만들 수 있는 가죽공예 기술을 집중적으로 알려주는 가이드북입니다. 구조에 대한 이해, 각 스킬을 사용하는 방법을 사진과 개념도로 자세하게 설명하고 있습니다. 책을 따라 만들다보면 나만의 브랜드 백을 직접 제작하여 들고 다닐 수 있으며 가죽공예 실력도 한층 늘 게 됩니다.

숄더 스트랩으로 어깨에 걸 수 있는 토트백 스타일의 버킷백. 두 종류의 브랜드 백을 만드는 방법을 해설하고 있습니다.

한국판에서만 만날 수 있는 특별 기획으로 실물 커팅 패턴을 준비하였습니다. 번거로운 패턴 작업을 생략하여 한결 편리하게 작업할 수 있습니다.

2023년 5월 15일 발행 182×210mm 278쪽
ISBN 979-11-87939-90-0 38,000원

### ITEM LIST

- 2WAY 숄더 토트 백
- 부가티 지퍼 백

## 어른의 가죽공예

2018년 4월 1일 발행 182×210mm　184쪽
ISBN 979-11-87939-07-8 24,000원

가죽공예 선진국인 일본의 유명한 공방 작가 6인이 구성한 가죽공예 가이드북.
기본적이면서도 실력이 필요한 가죽소품 7종을 소개합니다.
가죽 재질과 두께 선정부터, 재단, 바느질, 마감까지 모든 단계를 아주 자세하고 친절하게 알려줍니다.
실물 패턴 세트에서는 바로 쓸 수 있는 실물 사이즈 패턴을 제공하므로 책에 나오는 작품을 쉽게 따라 만들 수 있습니다.

**ITEM LIST**

- 지폐지갑
- 시계줄
- 지갑
- 명함지갑
- 동전지갑
- 말굽형 동전지갑

## 지퍼로 만드는 가죽공예

가죽공예를 하다 보면 필수적으로 사용하는 재료인 지퍼 이용법을 집중적으로 알려주는 심화 가이드북. 일상 생활에서 사용하는 작품을 만들면서 지퍼 다루는 기술을 배울 수 있습니다.
지퍼의 구조와 사용법을 상세하고 친절하게 알려주며, 실용성 좋은 7종류의 지갑, 가방, 필통을 만드는 방법을 상세하게 해설하고 있습니다.
어디에서도 만나볼 수 없는, 지퍼를 활용한 가죽공예 테크닉을 이 책에서 익혀보세요.

2021년 5월 15일 발행
182×257mm　184쪽　ISBN 979-11-87939-58-0
28,000원

**ITEM LIST**

- 미니 지갑
- 쿠션 커버
- 필통
- 토트 백
- 키 케이스
- 유니버설 케이스
- 파우치

# 다양하게 만들 수 있는 가죽공예 패턴집 27

27 USEFUL PATTERNS FOR LEATHERCRAFT

2025년 2월 15일 초판 1쇄 발행

-주의-

- 이 책은 장인들의 지식 및 작업, 기술을 바탕으로 독자에게 도움이 된다고 판단한 내용을 재구성하여 출판하였습니다. 스튜디오 태크 크리에이티브 및 취재원들은 작업의 결과나 안전성을 보장하지 않습니다. 또 소개된 공구와 재료는 현재 판매하지 않을 수 있습니다. 작업에서 발생한 물적 손해와 상해에 대해, 출판사에서는 일체의 책임을 지지 않습니다.
- 사용하는 도구가 다르거나 사용설명서와 다르게 사용했을 경우 작업 결과가 달라질 수 있으며 사고 등의 원인도 될 수 있습니다. 판매처에서 추천하는 방법이 아닌 다른 방법으로 작업할 경우 보증을 받지 못할 수 있습니다.
- 이 책은 2023년 6월 5일까지 정보를 바탕으로 편집했습니다. 책에 게재한 상품이나 서비스의 명칭, 사양, 가격 등은 제조 업체와 판매처에 따라 예고 없이 변경될 가능성이 있습니다.
- 사진이나 내용이 일부 실물과 다른 경우가 있습니다.

**[일본어판]**
**발 행** 다카하시 키요코
**편 집** 도미타 신지, 난케이 마코토
**디자인** 고지마 신야
**사 진** 니시하라 소이치로

**[한국어판]**
**번 역** 위크래프트
**감 수** 박혜정 [베아트리체 공방]
**편 집** 위크래프트, 정성학

**발행인** 박관형
**발행처** ㅁㅅㄴ(MSN publishing)
**주 소** [08271] 서울시 구로구 경인로20나길 30, A508
**웹** http://msnp.kr
**메 일** mi-sonyeo@naver.com
**팩 스** 0505-320-2033

**ISBN** 979-11-87939-99-3 16630